은혜출판사 은혜출판사 은혜출판사 은혜출판사
Grace Grace Grace Grace
은혜출판사 은혜출판사 은혜출판사 은혜출판사
Grace Grace Grace Grace
은혜출판사 은혜출판사 은혜출판사 은혜출판사
Grace Grace Grace Grace
은혜출판사 은혜출판사 은혜출판사 은혜출판사
Grace Grace Grace Grace
은혜출판사 은혜출판사 은혜출판사 은혜출판사
Grace Grace Grace Grace
은혜출판사 은혜출판사 은혜출판사 은혜출판사
Grace Grace Grace Grace
은혜출판사 은혜출판사 은혜출판사 은혜출판사
Grace Grace Grace Grace
은혜출판사 은혜출판사 은혜출판사 은혜출판사
Grace Grace Grace Grace
은혜출판사 은혜출판사 은혜출판사 은혜출판사
Grace Grace Grace Grace
은혜출판사 은혜출판사 은혜출판사 은혜출판사
Grace Grace Grace Grace
은혜출판사 은혜출판사 은혜출판사 은혜출판사
Grace Grace Grace Grace
은혜출판사 은혜출판사 은혜출판사 은혜출판사
Grace Grace Grace Grace

위대한 항해사는
거친 바다에서 만들어집니다

Kathr-yn
Kuhlman

The Great Pilots are made in Rough Seas

Copyright © 1989 by The Kathryn Kuhlman Foundation
Originally published in English under the title

"The Great pilots are made in Rough Seas"

by The Kathryn Kuhlman Foundation
Pittsburgh. PA 15230 U.S.A.
Korean translation Copyright © 2002 by Grace Publisher
#178-94 Soongin 2 dong Jongro-gu Seoul, Korea
All rights reserved

CONTENTS

제 1 장 위대한 항해사는 거친 바다에서 만들어집니다 · 11

제 2 장 지위가 아니라 십자가란다 · 23

제 3 장 침묵은 하나님의 사랑 · 33

제 4 장 설명서를 읽으십시오 · 42

제 5 장 그리스도의 장성한 분량에 이르기까지 · 52

제 6 장 희망 · 64

제 7 장 삶의 진정한 의미 · 78

제 8 장 삶의 법칙 · 87

제 9 장 다섯가지의 면류관 · 98

    1) 생명의 면류관

    2) 영광의 면류관

    3) 기쁨의 면류관

CONTENTS

    4) 의의 면류관 - 122
    5) 썩지 않는 면류관 - 126

제 10 장 성령의 인치심(Seal of the Spirit) · 134
제 11 장 세 가지 부활 · 158

    1) 이스라엘 국가의 부활
    2) 영적 부활
    3) 몸의 부활 Ⅰ
    4) 몸의 부활 Ⅱ
    5) 몸의 부활 Ⅲ
    6) 몸의 부활 Ⅳ

위대한 항해사는
거친바다에서 만들어집니다.

(The Great pilots are made in Rough Seas)

제 1 장
위대한 항해사는 거친 바다에서 만들어집니다.

오늘 나는 자그마한 붉은 책 한권을 폈습니다. 그것은 내가 오랫동안 가지고 있었던 책입니다. 그 책을 폈을 때, 뒷표지에 내가 써놓았던 글을 발견했습니다. 당시 내가 쓴 것을 나는 정말 잘 이해하고 썼던 것일까 하고 지금 생각해 봅니다. 그 무렵 나는 아직 16세나 17세였기 때문입니다. 그 글의 일부를 여기서 여러분께 소개해 드리겠습니다.

"삶이 사람을 마멸시켜 버리던가, 아니면 삶이 그 사람을 빛나게 하는가는 그 사람이 하기에 달려 있다."

"다이아몬드는 마찰(friction) 없이 광택이 날 수가 없다. 인간도 시련 없이는 완전케 될 수 없다."

"뛰어난 항해사는 거친 파도 가운데서 태어난다."

나는 오래전에 나 자신이 써놓았던 것을 읽고나서 그 책을 덮고 지금까지 나의 삶을 잠시동안 뒤돌아 보았습니다. 그때 이후로 이미 꽤 오랜 세월이 흘러갔으며, 그날 내가 써놓았던 한 단어, 한 단어가 사실임을 나는 증언할 수 있습니다.

오늘날의 내가 있는 것은 거친 파도, 폭풍, 바람 그리고 강풍(gale)들 때문이라고 나는 믿습니다. 내가 강해진 것은 태양빛의 따사로움 때문이 아닙니다. 나는 이것을 확신을 가지고 여러분께 말할 수 있습니다.

사람들의 인생에 여러가지 문제와 어려움과 슬픔이 닥쳐올 때, 그 사람이 그러한 것들에 의해서 자신을 패배자로 만들어 버리든가 아니면, 그러한 것들을 하나님의 영광을 위해 사용하는가는 그 사람 자신에게 달려 있습니다.

고난에 대한 한 사람, 한 사람의 대응방법 – 당신의 대응방법, 나의 대응방법 – 그것이 당신과 내가 어떤 사람인가를 나타내 보여주는 것이 됩니다. 정말이지 정확히 그렇습니다!

말해 드릴까요? 반드시 알아야 할 가장 중요한 비결 중 한 가지는 자신의 삶에서 진정한 능력을 얻는 방법과 여러가지 난관을 타파하고 극복하는 능력을 얻는 방법입니다.

늦든 이르든, 우리는 모두 여러 가지 고난과 문제, 그리고 인생의 폭풍에 직면하게 됩니다. 여러분의 삶에서도 나의 삶에서도 언제나 따사로운 태양만 비추이고 있는 것은 아닙니다. 어느 누구의 인생에서도, 확실히 태양이 비추일 때가 있지만 비가 내릴 때도 반드시 있습니다. 오늘은 비가 내리지 않을지도 모릅니다. 당신이 이 책을 읽고 있는 지금, 당신은 그러한 폭풍에 직면하지 않고 있을지도 모르지만, 당신이 한 인간이라면 폭풍은 당신에게도 올 것입니다.

워싱턴 어빙(Washington Irving)은 이렇게 말했습니다. "마음이 좁은 사람은 운이 나빴다고 말하고 포기하지만, 대범한 마음의 소유자는 그것을 극복하고 일어섭니다" 그의 이 말은 지금도 여전히 진실입니다.

대범한 마음과 생각의 소유자들, 위대한 믿음의 사람들은 여러가지 문제들과 어려움들을 극복하고 일어섭니다. 그들은 불운이라는 것에 패배하지 않습니다. 그것이 아무리 클지라도 결코 패배하지 않습니다.

한 침례교 선교사가 나의 아버지의 인생에 커다란 영향을 미쳤습니다. 실제로 나의 아버지가 진정한 영적 감화를 받은 사람으로서 나의 기억에 남아 있는 사람은 오직 그 선교사 뿐이었습니다. 아버지는 그 선교사의 말을 종종 인용하곤 했습니다. "폭풍이 밀려오면 독수리는 모습을 드러내고, 작은 새들은 몸을 숨긴다" 아버지는 이 말을 좋아하셨습니다! 아버지는 경험으로 그 말이 진실임을 알고 계셨던 것입니다. 이 말은 젊었던 나의 인생에도 깊은 인상을 주었습니다.

"작은 새"는 결코 되고 싶지 않다고 내가 생각했던 한 가지 이유는 이 말 때문이었다고 생각합니다. 그 선교사가 나의 아버지 인생에 주었던 감화를 나는 결코 잊지 않을 것입니다. 그리고 아버지의 딸에게도 그것은 그대로 옮겨졌습니다.

그렇습니다. 나는 결코 "작은 새"들 가운데 하나가 되길 원치 않습니다. 작은 새는 번개가 치거나, 천둥이 울리면 순식간에 몸을 숨깁니다. 인생의 폭풍우와 문제가 한 사람의 진정한 인격을 시험하는 가장 좋은 테스트라는 것은 지금도 변함이 없습니다. 그 사람이 문제에 어떻게 대처하는가, 그 사람이 실망에 어떻게 반응하는가로 그 사람이 스스로 말하는 이상으로, 그 속사람이 보다 분명하고 확실하게 드러나게 됩니다.

크고 강하며, 훌륭한 사람이라고 당신이 생각하고 있던 사람들이 돌연 당신의 눈 앞에서 대수롭지 않는 사람이 되는 것을 보게 될 것입니다.

그들이 어려움과 슬픔에 반응하는 방법에 당신은 실

망합니다. 태양이 빛나고 있는 한 미소를 띄우는 것은 간단합니다. 모든 것이 순조롭게 진행되고 있을 때 노래를 부르며 행복해 하는 것은 간단합니다.

그렇지만 수입이 끊어질 때, 홍수가 몰아닥칠 때, 사랑하는 사람이 죽었을 때, 혹은 더 이상 자기의 생각대로 되지 않았을 때, 그 사람은 그러한 상황들 아래서 어떻게 반응할까요?

오늘날 매우 많은 사람들이 실수하고 있는 것 중 한 가지는 노력하는 것은 어딘가 잘못된 것이라고 생각하는 것입니다. 즉, 그러한 어려움들은 나쁜 것이며, 어떻게 해서라도 피해야 한다는 생각입니다. 그래서 여러분과 나는 문제거리나 불운과는 만나게 될 것이라고 생각하지 않는 것입니다. 우리는 역경에 눈을 감아버리고 마음을 닫아 버려야 한다는 것입니다.

또 열심히 일하는 것은 진부한 것이라든가, 노력하는 것에는 친숙해 질 수 없다든가, 스스로 뭔가 하는 것은 뻔뻔한 것은 아닐까 하는 식의 잘못된 신념도 있습니다.

이러한 사고방식은 현실적이지 않습니다. 사람들이 생존해 가는 것을 배우는데는 역경이 필요합니다. 역경은 피해야 하는 것이 아닙니다. 어느 누구도 정부가 모든 사람을 보살펴 주거나, 모든 사람들을 먹여 주거나, 모든 사람들에게 일자리를 제공해 주리라고 기대할 수는 없습니다. 일하기 싫은 사람은 일할 필요가 없다고 하는 사고방식이 있습니다. 누군가 일하는 것보다, 집에 있는 것이 좋다면 집에 있는 것이 바람직하다는 사고방식입니다. 어느 누구도 자기가 하고 싶은 것을 할 자격이 있다는 것이 그 이유입니다.

그러면 현실 세계로 돌아가 보겠습니다! 나는 불행한 사람들을 돕는 것은 좋은 것이라고 믿고 있으며, 나에 대해 알고 있는 사람들은 내가 실제로 그렇게 하고 있다는 사실을 압니다. 지금 제가 하는 말의 의미를 오해하지 말아 주십시오. 나는 도움을 필요로 하는 사람들을 돕는 것은 좋은 것이라고 믿지만, 누구든지 보살펴 준다는 사고방식은 의문스럽게 생각합니다. 이런 이론이라면 일주일 동안 5일 일해야 할 많은 사람들을 게으르고 태만하도록 만들어 버립니다.

나는 일하도록 가르침을 받았으며, 그 일은 때때로 어떤 사람의 아픔과 실망을 치유하는 세상에서 가장 좋은 치유책이기도 하다는 사실을 배웠습니다. 내가 어렸을 때는 오늘날 우리가 가지고 있는 모든 약은 가지고 있지 않았습니다. 미주리 주 콘코디아에서는 아침에 일어나 몸의 상태가 좋지 않을 때는 그날 한층 더 열심히 일하도록 가르침을 받았습니다. "일하러 나가세요. 빨리 일하러 나가세요!" 하고 재촉받곤 했습니다. 아버지는 자주 이렇게 말씀하셨습니다.

"그 일을 매듭지어 버려요, 여보, 그 일을 더 이상 끌지 말아요." 그러면 어머니도 말했습니다. "알았어요. 빗자루를 가지고 와서, 길을 청소하세요. 그다지 많은 시간이 걸리지 않을 거예요. 기분도 훨씬 좋아질 거예요"

그 빗자루를 생각하는 것만으로도, 나는 즉시 몸의 컨디션이 좋아졌습니다!

세상에서 가장 위대한 성품적 특성 가운데 하나는 자기신뢰(self-reliance)입니다. 여러 가지 어려움들을 유익한 것으로 바꿀 수 있는 능력입니다. 사람이 자기신뢰와 자기확신을 잃어버릴 때, 그는 자동적으로 항복의 백기를 들고 패배에 굴복하게 됩니다. 결코 그래서는 안됩니다. 패배의 백기를 결코 올리지 마십시오! 어떤 일이 있어도 결코 결코 그렇게 해서는 안됩니다!

계속 분투하십시오! 낡은 빗자루를 가지고 청소해야 할지라도, 혹은 낡은 삽으로 땅을 파거나, 더러운 접시를 닦기 시작해야 할지라도 계속 분투하십시오!

최근 나는 아브라함 링컨의 사진을 가만히 바라보았습니다. 나는 그 사진 앞에 서서 링컨은 왜 태어났을까 하고 생각하고 있었습니다. 나는 이렇게 자문해 보았습니다. "미국을 구원하기 위해서였을까? 노예제도를 폐지하기 위해서였을까?"

나는 이러한 물음에 대한 대답을 긍정적으로 밖에는 생각할 수 없었습니다. 분명히 그렇습니다! 내 생각으로 링컨의 일생은 그의 세대에 미국에서 살았던 사람들 가운데 가장 위대한 인생이었습니다. 그가 우리들 가운데 보내지게 된 첫 번째 이유는 어느 누구라도 하나님을 신뢰함으로 어떤 어려움도 극복하고 일어설 수 있으며 위대한 인물이 될 수 있음을 그의 생애를 통하여 미국인들에게 보여주기 위해서였다고 생각합니다.

당신은 패배에 굴복할 필요가 없습니다. 당신은 뭔가의 목적을 성취하기 위해서 태어났습니다. 당신에게는 해야 할 일이 있습니다. 하나님의 말씀은 이렇게 말씀합니다.

"주여 인자함은 주께 속하오니 주께서 각 사람이 행한 대로 갚으심이니이다" (시편 62:12)

당신은 왜 태어났습니까? 당신은 왜 이 세상에 왔습니까? 이유가 있습니다. 우리는 인생에서 맞닥뜨려서 씨름해야 할 도전을 받아들이는 것을 꺼려해서는 결코 안됩니다. 당신 자신도, 나이에 관계없이 삶과 씨름하는 것을 마음이 내키지 않아서는 안됩니다. 그 어려움을 직시 하십시오.

당신에게 도전해 오는 그 문제를 향해 똑바로 걸어가서 "너와 만나서 기쁘구나"라고 말하십시오. 그리고 이 말을 더하십시오. "하나님이 너를 보내신 것은 나를 더 강하게 하고 더 훌륭한 사람으로 만드시기 위함이다"라고 말입니다.

바로 지금, 당신의 모든 불평을 멈추고 패배의 태도에서 벗어나십시오. 어려움에 대해서 적절한 사고방식을 가질 수 있도록 기도하십시오. 가령 당신이 통증으로 고통받고 있거나, 경제적인 문제가 있어서 지불해야 할 충분한 돈이 없거나, 직업이 없고 취직할 가망이 전혀 없을지라도 무릎을 꿇고 전능하신 하나님께 도움을 요청하십시오. 그분은 도와 주십니다. 그러나 당신은 결코 항복의 백기를 들어서는 안됩니다! 어느 누구일지라도 패배를 스스로 동의하지만 않는다면 패배 가운데 침몰해 갈 필요는 결코 없습니다!

지금까지 나의 인생을 뒤돌아보며 생각해 보면, 몇 번인가의 전환기를 알 수 있습니다. 내가 극복할 수 없는 다양한 어려움들에 직면했던 날짜와 시간을 나는 정확히 알고 있습니다. 내가 패배 가운데 가라앉아 버릴 것 같은 상황도 있었습니다. 나는 그 장소를 알고 있습니다. 나는 그 시간을 알고 있습니다. 나는 그 도시를 알고 있습니다. 나는 그 상황을 알고 있습니다. 나는 인생에서 패배의 백기를 들어올릴 듯한 상황에 처해진 그 위기를 알고 있습니다. 나는 자기연민으로 허물어졌을 수도 있었으며, 패배를 경험할 수도 있었습니다.

나는 그러한 폭풍우를 헤쳐나왔습니다. 그렇기 때문에, 나는 지금 여러분에게 이렇게 말할 수 있으며, 승리로 통하는 길을 제시해 줄 수 있는 것입니다. 만일 그 실망의 때가 없었다면, 만일 그런 폭풍우가 없었다면, 지금의 나는 존재하지 않을 것입니다.

그러나 나는 저 "작은 새"들 중 하나가 되지 않을 거라고 결심했습니다. 즉 역풍이 불기 시작한 순간 피할 곳을 찾아 도망가는 작은 새입니다. 나는 결코 그런 새가 되지 않을 거라고 결심했습니다. 성공하겠다는 결심이야말로 내가 해야 할 것이었습니다. 그러나 나 자신의 능력으로는, 혹 나 혼자서는 그 승리를 얻을 수 없었을 것입니다.

하나님은 나의 노력을 보시고, 그분은 나를 도우시기 위해 나 자신의 능력과 수단이 부족한 곳에 계셨습니다.

기도하면 자신의 힘이나 능력의 한계를 초월한 권능을 받는다는 것을 나는 배워 왔습니다. 왜냐하면 권능의 흐름, 즉 하나님의 권능의 흐름 가운데, 자신을 두게 되기 때문입니다. 이 우주를 흐르는 능력의 흐름이 존재한다는 사실을 나는 여러분께 보증합니다. 그것은 어떤 인간의 능력보다도 위대한 권능입니다. 이 놀라운 하나님의 권능과 접촉할 때, 하나님은 여러분께 승리를 주십니다. 그분은 여러분께 치유를 주십니다. 여러분은 그 권능을 감지할 수 있으며 알 수도 있습니다. 왜냐하면 그것은 들어올리는 위대한 능력이 있기 때문입니다.

그리고 여러분은 자신을 하나님께 양도해 드리기만 하면 됩니다. 하나님께 도우심을 구하고 당신의 삶에서 스스로 감당할 수 있는 것보다 더 큰 모든 문제들을 다스려 주시도록 하나님께 구하십시오.

멀지 않아 여러분은 모든 장애물이나 폭풍우, 그리고 어려움들 위로 높여 들리워져 있는 자신을 발견하게 될 것입니다.

당신이 지금까지 이러한 역동적인 그리스도인의 믿음에 접촉한 경험이 없다면 나는 지금 당신에게 도전을 드립니다. 지금 제가 말씀드리는 것을 이해하도록 노력하십시오. 당신의 구하는 것에 하나님께서 응답해 주시는 것으로, 당신의 인생 자체가 바꾸어져 버릴지도 모릅니다. 당신이 기도하기 시작하고 성경을 읽기 시작한다면, 그리고 자신을 주 예수 그리스도께 의탁할 결심을 한다면 전혀 믿을 수 없을 것같은 놀라운 일이 당신에게 일어날 것임을 나는 보증합니다.

하나님이 보좌에 계시는 것이 확실한 것처럼 여러 가지 장애물들에 대한 놀라운 승리, 당신이 꿈에도 가능하리라고는 생각할 수 없었던 승리를 당신이 얻게 될 것도 확실합니다.

꼭 기억해 주십시오! "삶이 사람을 마멸시켜 버리던가 아니면 삶이 그 사람을 빛나게 하는가는 그 사람이 하기에 달려 있다"는 사실을.

파멸적인 패배를 선택하든지, 영광스런 승리를 선택하는지는 전적으로 당신에게 달려 있습니다!

제 2 장
지위가 아니라, 십자가란다

"세베대의 아들 야고보와 요한이 주께 나아와 여짜오되 선생님이여 무엇이든지 우리가 구하는 바를 우리에게 하여 주시기를 원하옵나이다. 이르시되 너희에게 무엇을 하여 주기를 원하느냐. 여짜오되 주의 영광중에서 우리를 하나는 주의 우편에, 하나는 좌편에 앉게 하여 주옵소서. 예수께서 이르시되 너희는 너희가 구하는 것을 알지 못하는도다. 내가 마시는 잔을 너희가 마실 수 있으며 내가 받는 세례를 너희가 받을 수 있느냐. 그들이 말하되 할 수 있나이다. 예수께서 이르시되 너희는 내가 마시는 잔을 마시며 내가 받는 세례를 받으려니와 내 좌우편에 앉는 것은 내가 줄것이 아니라 누구를 위하여 예비되었든지 그들이 얻을 것이니라" (마가복음 10:35~40)

그날 예수님과 제자들이 예루살렘으로 가는 길을 여행할 때, 기대감으로 가득차 있었습니다. 나는 마음의 눈으로 그 장면을 몇 번이나 생각해 본 적이 있습니다. 나는 제자들이 주님과 함께 걸어가는 모습을 마음의 눈으로 바라볼 수 있었습니다.

제자들은 예수님을 신뢰하고 있었습니다. 예수님은 이제 막 일어나려고 하는 것들에 대해서 제자들에게 말씀하시고 계셨지만, 그들은 그것을 거의 이해하지 못했습니다. 예수님이 제사장들과 율법사들의 손에 넘기워져서 어떤 취급을 받고 어떻게 죽으시게 되는가에 대해서 제자들에게 말씀하셔도, 제자들의 이해는 매우 한정된 것이었습니다. 예수님은 자신이 곧 죽게 될 것을 제자들에게 경고하시고 준비시켰지만, 또한 부활하시게 될 것도 그들에게 말씀하시고 계셨습니다. 그들 중 적어도 한 사람은 이해하는 마음을 갖고 있어서 동정심을 품었던 것은 아닐까 하고 생각했던 사람이 있을지 모르겠습니다. 그러나 이 제자들에게 통찰력이 없었던 것은 모든 인간은 결국 인간이라는 사실을 잘 나타내 보여 주고 있습니다. 바꾸어 말하면 절대적으로 전적으로 이기적인 존재라는 의미입니다.

예수님께서는 자기에게 일어나려고 하는 것을 말씀하시고 계셨지만 야고보와 요한은 자기들의 관심사에만 주목하고 자신들의 관심사를 초월하여 보는데 실패했습니다. 그리고 예수님께 감히 부탁했습니다.

"주님, 우리가 당신의 나라에 들어갈 때, 가장 좋은 자리를 얻기 원합니다. 우리들 중 한 사람은 당신의 우편에 앉게 해 주시고, 또 한 사람은 좌편에 앉게 해 주십시오"

예수님께서 제자들을 가장 필요로 하셨을 때, 제자들이 이해하지 못함으로, 주님이 마음 아파하셨던 것은 아닐까하고 생각합니다.

기억하십시오. 왜냐하면 그분은 마치 전혀 하나님이 아닐 정도로 인간이셨기 때문입니다. 예수님은 감정을 가지고 계셨습니다. 제자들이 이해하지 못함으로 주님은 마음 깊이 아파하셨다고 나는 믿고 있지만, 그때 그분은 매우 의미심장한 말씀을 하셨는데, 바로 이런 말씀이셨습니다.

"아니다. 나는 너희의 요구를 받아 줄 수 없으며, 나는 너희에게 자리를 줄 수도 없단다. 내가 너희에게 주는 것은 잔과 십자가란다"

이렇게 하여 역사상 기록된 것들 중에서 가장 주목해야 할 이야기는 지극히 평범한 사람들로 구성된 작은 무리의 남자들을 기록하고 있습니다. 그들 가운데는 어부들도 있고, 세리도 있었습니다. 그들은 과거에 인간에게 주어졌던 것 중에서 가장 위대한 도전을 받았습니다. 그 도전을 받아들이는데 있어서 그리스도를 따르는 소수의 사람들은 참으로 역사의 흐름을 바꾸어 놓았습니다. 그들 앞에 내밀어진 것은 천국의 자리가 아니라, 잔과 십자가였습니다!

지난 날 우리가 읽은 것 중에서 생각하게 하는 말이 있었습니다. 그것은 놀라운 진리였습니다. 이런 말이었습니다.

"분투하는 가운데 복음을 전하는 병사들 대신, 여행을 즐기는 안락한 성도들이 너무나 많이 있습니다."

이 문장을 다시 한 번 읽고 그 진리가 당신의 이해력에 깊이 스며들도록 하십시오.

나는 바우어(Bower) 박사가 했던 이야기를 결코 잊을 수 없을 것입니다. 그는 뉴욕 주 로체스터 로타리 클럽 앞에 서서 이야기했습니다. 한때 헤비급 세계 챔피언이었던 밥 피츠시몬즈(Bob Fitzsimons)가 그의 서재에 들어와서 이렇게 물었습니다.

"바우어 박사님, 제가 겉과 동일하게 내면도 강하게 되기 위해서는 어떻게 해야 합니까?"

바우어 박사가 밥 피츠시몬즈 쪽을 돌아다 보면서 질문했습니다.

"밥, 자네는 어떻게 겉을 강하게 했는가?"

그는 즉시 대답했습니다. "연습입니다"

그러자 바우어 박사가 말했습니다. "그렇다네 밥. 그것이 정답이야!"

방관만 하고 있는 사람들은 결코 건강하고 승리하는 그리스도인이 될 수는 없습니다. 결코 될 수 없습니다. 오늘날의 교회가 잘못되어 있는 것은 참으로 바로 이것입니다. 오늘날 자신은 그리스도인으로 구원받았다고 말하는 사람들이 잘못되어 있는 점은 바로 이것입니다.

단지 바라보기만 하는 사람들이 너무나도 많이 있습니다. 우리가 하나님의 말씀으로 돌아와 그리스도인이란 정말 어떤 것일까를 진실로 알아야 할 때가 왔습니다.

당신은 슬픔의 사람(the Man of Sorrows)의 온유함(tenderness)을 알고 싶습니까? 당신은 진정으로 알기 원합니까? 누군가 나에게 와서 이렇게 질문하지 않는 날은 없습니다.

"미스 쿨만, 왜 이런 일이 나에게 일어났을까요? 왜일까요?"

비통한 눈물이 그 사람의 뺨을 타고 흘러내리는 경우가 자주 있습니다.

"미스 쿨만, 나는 이제 더 이상 이런 슬픔을 견뎌낼 수 없어요"

그들은 계속해서 그렇게 말할 수도 있으며, 그러한 어려움과 슬픔이 자신의 삶에서 일어나게 했다고 하나님을 비난하는 말을 계속하는 경우도 있습니다.

 여기서 잠시 멈추어서서 현재 "겟세마네의 경험"을 하고 있는 사람들에게 말씀드리고 싶습니다. 등불이 꺼진 밤, 지금까지 당신의 눈물로 베개가 젖어 왔겠지만 그 황량하고 외로운 밤의 어둠은 당신에게 가장 승리한 시절이 될 수 있음도 당신이 알게 되길 원합니다. 당신이 "슬픔의 사람"의 온유함을 알게 되는 것은 당신이 그 밤의 어두움을 경험하고 "당신의 겟세마네"의 고통을 억제할 수 없는 눈물과 함께 경험할 때뿐입니다.

 나의 아버지, 죠 쿨만의 마음의 부드러움을 결코 이해할 수 없었던 사람들은 많이 있습니다. 그들이 알고 있었던 죠 쿨만은 시청에 근무하고 있고 개성이 강하고 의지할 수 있는 한 사람의 남자로서의 죠 였습니다.

 미주리 주 콘코디아에 살고 있던 사람이라면, 누구든지 죠 쿨만을 알고 있었습니다. 아마 여러분 제각기 그에 대해서 다른 생각을 가지고 있었으리라 생각합니다.

 그러나 내가 알고 있었던 것은 그것과 다른 죠 쿨만이고, 다른 어떤 사람의 생각과도 다른 죠 쿨만이었습니다. 그의 부드러움(tenderness)을 알았던 것은, 내가 어렸을 때, 귀가 매우 아파서 괴로워 하고 있었을 때였습니다. 그때의 아픔은 내가 살아있는 한 언제나 기억에 남아 있을 것입니다. 그러나 아버지가 양팔로 나를 부드럽게 안아 주셨을 때를 기억해낼 수 있습니다. 내 머리를 아버지의 어깨에 기대면, 내 아픔은 덜어지고 결코 설명할 수 없는 어떤 것이 거기에 있었습니다.

만일 내가 아픔을 알지 못했다면, 오늘날 나는 아버지의 부드러움을 알지 못했을 것이고, 아버지의 큰 긍휼(compassion)을 결코 알지 못했을 것입니다. 나는 그것을 잘 알고 있습니다.

당신은 당신의 하늘 아버지의 약속이 정말임을 알고 싶습니까? 진실로 알고 싶습니까? 틀림없이 당신은 하나님 말씀을 읽고 있으며, 성경을 믿고 있다고 나는 확신합니다.

그럴지라도 당신이 실제로 당신의 "홍해" 앞에 직면해 보지 않으면, 하나님의 약속이 정말인지를 결코 충분히 알 수는 없습니다. 하나님을 떠나서는 앞에도 뒤에도 길이 없음을 당신이 깨닫게 되는 것은 바로 그때입니다. 당신은 그러한 약속들을 있는 그대로 받아들이지 않으면 안되게 됩니다. 달리 출구가 없습니다. 그렇습니다. 당신이 단지 방관자로서 바라보고 있는 한, 하나님의 약속이 진실인지를 당신은 결코 알 수 없습니다.

만일 물질적인 필요가 있다면 하나님의 말씀의 약속

을 신뢰하고 하나님의 말씀만 의지할 것을 간곡히 권유합니다. 당신의 눈을 환경을 바라보는데서 떠나 당신의 홍해 앞에 단호히 서서 당신에게 약속을 주시는 분께 눈을 고정시킬 때, 그분은 오셔서 당신에게 해방을 주시고, 당신의 삶에 필요를 채워 주시는 것입니다. 어떻게 그것을 알 수 있을까요? 왜냐하면 그분이 그렇게 말씀하셨기 때문입니다.

"나의 하나님이 그리스도 예수 안에서 영광 가운데 그 풍성한 대로 너희 모든 쓸 것을 채우시리라" (빌립보서 4:19)

스스로 그리스도인이라고 고백하면서도 살아계신 하나님 아들의 진정한 부드러움(tenderness)을 결코 알지 못하고 죽어가는 사람들이 많이 있습니다. 그것은 그들이 "겟세마네의 경험"을 한번도 해본 적이 없기 때문입니다.

살아계신 하나님의 아들의 치유의 능력이 당신의 온 몸에 흐르는 전율을 느끼길 원하십니까? 당신은 감히 믿은 적이 지금까지 없을지도 모릅니다. 당신은 하나님의 능력으로 치유받은 다른 사람들의 간증을 들었던 적은 있을지도 모르겠습니다. 또한 당신은 이렇게 말했던 적이 있을지도 모르겠습니다.

"그것은 놀랍습니다. 그들에게 그것은 영광스러운 것

입니다. 하지만 나로서는 믿을 수 없습니다."

하나님이 만져주심을 경험하는 것은 내가 알고 있는 것 중에서 가장 위대한 전율 가운데 하나입니다. 그리고 하나님의 권능으로 치유받은 사람들은 "하나님의 치유의 권능이 나의 몸에 흐르는 것을 알고 나서는 더 이상 이전과 같은 사람일 수 없게 되었습니다"라고 당신에게 말할 것입니다. 그러나 육체의 치유 이상으로 훨씬 위대한 것은 육체의 치유에 동반되어 오는 영적인 경험입니다.

성령으로 충만해지는 영광스러움을 아십니까? 그것은 당신을 위해 있습니다! 그것은 당신의 상속 가운데 일부이며 예수님께서 그것이 가능하도록 해 주셨습니다. 그것은 그분의 교회에 대한 그분의 선물이며, 그분의 소유인 당신을 위한 선물입니다. 그러나 이 놀라운 선물을 자기의 소유로 할 수 있는데도, 그것을 다만 바라보고 있기만한 방관자들이 많이 있습니다.

그렇습니다. 사랑하는 여러분! 멀리 나가서 복음을 전하는 병사들이 아니라, 여행을 즐기고 안락하게 살고 있기만 한 성도가, 너무나도 많이 있습니다. 가만히 앉아만 있는 위치에서는 그리스도 예수 안에서 당신의 상속은 결코 충분히 알 수 없을 것입니다. 결코 알 수 없을 것입니다!

주님은 이렇게 말씀하십니다.

"나는 네게 자리를 줄 수는 없단다. 나는 너에게 잔을 주노라. 나는 너에게 십자가를 주노라"

그러나 주님이 당신에게 주시는 그 잔과 십자가야말로 당신에게 "겟세마네의 경험"에 대해 영광스러운 승리를 가능하게 해줍니다.

제 3 장
침묵은 하나님의 사랑

그리스도 예수 안에서 우리의 상속은 실로 놀랍습니다. 하나님의 아들 안에서 우리의 안전도 정말 놀랍습니다. 왜냐하면 우리는 하나님의 영원하신 팔 아래 있는 것을 알고 있기 때문입니다. 우리는 하나님의 사랑으로 둘러싸여 보호받고 있습니다. 그리고 필요할 때는 언제든지 하나님은 더욱 은혜를 주십니다. 믿음이 필요할 때는 하나님의 믿음 - 자신의 믿음 - 도 주십니다. 하나님의 사랑은 결코 부족하지 않습니다!

가장 놀라운 하나님의 말씀 가운데 하나는 구약성경 예레미야 31장 3절이 아닐까하고 나는 생각해봅니다.

"옛적에 여호와께서 나에게 나타나사 내가 영원한 사랑으로 너를 사랑하기에 인자함으로 너를 이끌었다 하였노라"

나는 하늘에 별이 하나도 없는 한밤중, 그 사랑을 깨

달았던 적이 몇 번이나 있습니다. 나는 위기적인 상황 가운데서 그 사랑을 느꼈던 적이 있습니다. 나는 죽음을 목전에 두고 그 사랑을 느꼈던 적이 있습니다. 그 사랑은 오늘도 나를 지켜 보호해 주시고 있습니다. 그 사랑을 위해서는 나는 어떤 소유물도 나의 생명조차도 나의 혼도 아깝지 않습니다. 나는 이 약속을 주시는 분을 완전히 신뢰하고 있기 때문입니다.

성령의 열매에 대해서 우리는 많은 말을 하고 있지만 성령의 모든 열매는 사랑이라는 한 마디로 요약된다는 사실을 여러분은 깨닫고 있습니까?

하나님은 사랑입니다. 내가 이렇게 말해도, 틀림없이 다음과 같은 질문을 하는 사람이 한 사람 이상 있을 것입니다.

"예수님이 정말로 나를 그렇게 사랑하신다면 왜 나에게 이렇게 많은 문제와 고통을 보내는 것일까요? 예수님이 나를 사랑하신다는 것을 이해할 수 없습니다."

우리 가운데 어느 누구도 "어째서 나에게 이런 일이 생긴 것일까?" 하고 이상하게 생각하여 자문하고, 이 사랑을 의심했던 적이 삶 가운데 몇 번인가 있었을 것입니다. 당신도 나도 인간이며, 어려움도 문제도 슬픔도 괴로움도 없는 삶을 살고 싶어하는 인간입니다. 그렇지만 이러한 것들이 우리의 삶 가운데서 일어나면 우리는 곧 하나님의 사랑에 의문을 품게 되고, 다음과 같은 하나님의 약속을 잊어버리게 됩니다.

"무릇 내게 붙어 있어 열매를 맺지 아니하는 가지는 아버지께서 그것을 제거해 버리시고 무릇 열매를 맺는 가지는 더 열매를 맺게 하려 하여 그것을 깨끗하게 하시느니라" (요한복음 15:2)

언젠가 한 여성이 많은 괴로움을 품고 하나님은 참으로 자기를 사랑해 주시는 것일까 하고 갈등하고 있었습니다. 그녀는 하나님께서 자신을 잊어버리신 것은 아닐까하고 의문을 가지고 있었습니다.

어느 날 그녀는 산책을 하면서 포도원 옆을 지나갔습니다. 그 포도밭은 가을 햇볕을 받아 아름답게 빛나고 있었습니다. 포도 나무마다 많은 잎이 있었지만, 잎만 있고 열매는 하나도 없었습니다. 그때 하늘의 정원사가 그녀에게 속삭이며 말했습니다.

"너는 네 인생의 여러 가지 시련을 이상하게 여기고 있느냐? 너는 너 자신에게 임해 있는 여러 가지 괴로움과 네가 직면하고 있는 모든 문제로 고통받고 있느냐? 기억하여라. 내 딸아, 정원사가 가지치기와 손질을 그만두고, 써레질과 경작을 멈추는 것은 그가 그 포도 나무로부터 이미 아무것도 기대하지 않게 되었을 때 뿐이란다. 너는 내가 가지치기를 그만두기를 원하느냐? 너는 내가 너의 인생에서 잎사귀 외에는 아무것도 기대하지 않기를 원하느냐? 만일 그렇다면, 나는 가지치기를 그만두고, 경작을 그만두고, 써레질도 그만두고, 너에게서 잎사귀 외에는 아무것도 기대하지 않기로 할 것이다"

그녀는 뺨을 타고 흘러내리는 뜨거운 눈물을 닦으면서 위를 올려다 보았습니다. 그리고 그녀는 이해할 수 있었습니다.

그렇습니다. 그녀가 그 순간 이해할 수 있었던 것처럼 여러분도 나도 이해할 수 있다면 좋을텐데 하고 생각합니다!

그녀는 슬픔의 눈물이 아니라, 기쁨의 눈물을 흘렸던 것입니다. 그녀는 위를 쳐다보면서 외쳤습니다.

"사랑하는 하늘 정원사이신 하나님, 알겠습니다. 이젠 알겠습니다. 이다지도 오랫동안 나는 왜 그렇게도 어두웠던 것일까! 나를 써레질하시고 경작해 주세요! 당신은 내 인생에 이러한 시련들이 임하도록 허락하셨습니다. 이러한 시련들에 의해서 나는 더욱 훌륭한 그리스도인이 될 것입니다. 당신의 손길에 의해 내가 더욱 유용한 그릇으로 만들어질 수 있다면 만일 이러한 슬픔과 고통을 통하여 나의 삶에서 열매를 거둘 수 있게 된다면, 주님께 간구하옵나니 부디 나의 삶을 경작하여 주시옵소서!"

사랑하는 여러분, 여러분의 모든 소원과 꿈, 그리고 희망이 좌절되고 사라지게 될지라도, 기뻐하십시오.

 그리고 기억해야 할 중요한 것이 있습니다. 포도나무의 가지를 쳐 주시는 것은 바로 주님의 사랑의 손길입니다. 우리는 믿음에 대해서 자주 이야기합니다. 자신의 믿음을 자랑한 적이 있는 사람들도 있을지 모르겠습니다. 그러나 위대한 믿음이 성부로부터 주어지는 것은 위대한 시련들을 견뎌낼 수 있도록 하기 위해서라는 사실을 결코 잊어서는 안됩니다. 위대한 믿음이란 완벽하신 천부의 완벽하신 지식과 완벽하신 지혜를 절대적으로 신뢰하는 것입니다.

 다시 한 번 말씀드리겠습니다. 위대한 믿음은 위대한 시련들을 견뎌낼 수 있도록 주어지는 것입니다.

 저의 이런 말을 들으면, 누군가는 이렇게 말할 것입니다.

 "나는 이렇게 오랫동안, 커다란 시험과 커다란 고통을 경험하는 중에 한 번이라도 주님의 얼굴을 볼 수 있다면 좋겠다고 생각합니다. 만일 눈을 들어 예수님을 볼 수만 있다면, 만일 예수님의 강하신 손길로 내 손을 잡아 주신다면, 만일 예수님이 나에게 뭔가 표적이나 만질 수 있는 어떤 것을 주신다면, 나는 어떤 것이라도 견딜 수 있을 것입니다"

 그렇습니다. 나도 알고 있습니다. 그러나 예수님이 침

묵하시는 것은 그분이 말씀해 주시는 것과 똑같은 것을 시사해 주신다는 사실을 생각해 보셨습니까? 예수님이 당신의 상황에 대해서 침묵하고 계시는 것은 예수님이 그것을 승인하시지 않는다는 표시가 아니라, 그것을 승인하고 계신다는 표시일 수도 있습니다. 정말 그렇습니다! 몇 년전에 제가 들었던 이야기를 해드리고 싶은데, 이것은 내가 결코 잊을 수 없는 이야기입니다.

어느 그리스도인이 꿈을 꾸었는데, 세 사람이 무릎을 꿇고 기도하고 있었습니다. 그녀는 조용히 그 모습을 바라보았습니다. 주님께서 나타나셔서, 맨 첫 번째 사람 위로 몸을 굽히셨습니다. 주님은 매우 부드럽게 그녀의 손을 잡아주시고, 그녀의 얼굴을 보시며 웃으시며, 또 위로의 말씀을 해 주셨습니다.

꿈속에서 이 모습을 보고 있던 그 여성은 이렇게 말했습니다. "주님은 그녀를 매우 사랑하고 계심이 틀림없어. 그녀는 다른 사람들과 달리 선택받은 자임이 분명해. 주님은 그녀에게 미소지어 주셨고, 더구나 그녀를 얼마나 부드럽게 감싸주셨던가"

그리고 나서 그녀는 주님께서 무릎을 꿇고 있는 두 번째 사람에게로 가시는 것을 보았습니다. 주님은 친히 두 손을 그녀의 머리 위에 얹으셨습니다. 그것뿐이었습니다. 주님은 그녀에게 아무런 말씀도 하시지 않고, 몸을 구부려서 그녀의 얼굴을 보고 미소를 지어보이시지도 않으셨습니다. 주님은 두 손을 그녀의 머리 위에 부드럽게 얹으시고는 떠나가셨습니다.

이것을 보고 있는 그 여성은 외치면서 말했습니다. "구주께서는 첫 번째 사람만큼은 이 두 번째 사람을 사랑하고 있지 않구나. 왜냐하면 주님은 그녀의 얼굴을 보고 미소를 띄우지도 않으셨고, 그녀에게 말을 걸지도 않으셨어. 주님은 단지 두 손을 그녀의 머리에 부드럽게 얹기만 하셨는걸."

그리고 그녀가 그렇게 생각하고 있을 때, 주님께서 무릎을 꿇고 있는 세 번째 여성에게 다가가시는 것이 보였습니다. 주님은 그녀에게 눈길을 주시는 것도 없고, 또 말을 걸지도 않으시고, 그냥 지나쳐 가셨습니다. 주님은 한 마디 말씀도 하시지 않고, 손을 펴서 그녀를 감싸주시지도 않으셨습니다.

꿈 속에서 이것을 보고 있던 그 여성은 이 광경에 매우 놀라서 이렇게 생각했습니다. "틀림없이 그녀는 주님을 매우 슬프게 했던 적이 있다. 그래서 주님은 그녀에게 말도 걸지 않으시고, 손을 펴서 감싸주시지도 않으셨고, 그녀의 얼굴을 보고 미소지으려 멈추시는 것도 없으셨다!"

그러나 그녀는 갑자기 주님의 임재를 깨닫게 되었습니다. 주님께서 그녀곁에 서 계셨던 것입니다. 주님은 말씀하시기 시작하셨습니다.

"내 딸아, 너는 올바로 이해하지 못하고 있단다. 무릎을 꿇고 기도하고 있던 맨 첫 번째 사람은 나의 좁은 길을 계속 걸어갈 수 있을 만큼의 나의 충분한 부드러움과 돌봄을 필요로 하고 있었단다. 그녀는 나의 사랑을 확신해야 할 필요가 있고 내가 도움을 주기 위해 가까이에 있다는 사실을 깨닫게 해 줄 필요가 있었단다. 그녀는 믿음이 약하고, 갓난아이에 불과하단다. 그녀는 내가 그녀에게 줄 수 있는 능력이라면, 어떤 능력이라도 필요로 하고 있단다.

두 번째 사람은 더 강한 믿음을 소유하고 있으며, 나에 대한 더 깊은 사랑을 가지고 있단다. 그녀는 나를 신뢰하고 나는 그녀를 신뢰한단다. 그녀는 나의 지혜와 나의 모든 인도하심을 신뢰하고 있단다.

그러나 세 번째 사람은 틀리단다!

오, 만일 너희가 제대로 이해할 수만 있다면!

나는 이 사람에게는 말을 걸지도 않았고 멈추어서서 그녀의 머리에 손을 얹지도 않았다. 또 그녀의 얼굴을 보고 미소짓기 위해 몸을 구부리지도 않았다. 이 사람이야말로 가장 숭고한 성질의 믿음과 사랑을 가지고 있는 자이다. 나는 그녀를 가장 숭고하고 가장 거룩한 섬김을 위해 훈련시키고 있단다. 내가 전에 이 지상을 걸었을 때, 아버지가 나를 신뢰해 주셨듯이, 이 귀한 나의 자녀는 나를 신뢰하고 있단다. 그녀가 어떤 상황에 있어도 나는 그녀를 신뢰할 수 있단다. 태양이 찬란하게 빛나고 있든, 혹은 깊은 골짜기에 처해져 있든, 그 십자가가 아무리 무거울지라도, 아무리 큰 위기에 직면해 있을지라도 나는 그녀를 신뢰할 수 있단다. 그녀가 괴로울 때, 격심한 고통을 느낄 때, 혹독한 시련을 당할 때, 그러한 어려움의 한가운데 있을지라도, 나는 그녀를 신뢰할 수 있다. 그리고 바로 그러한 삶이 내가 크게 사용하고 있는 인생이란다. 내가 나의 사랑 가운데 침묵하는 것은 말로는 표현할 수 없으며, 인간의 마음으로는 이해할 수 없을 정도로 내가 사랑하기 때문이다"

사랑하는 여러분, 비가 가장 많이 내리는 곳이라면 어디든지, 그곳에 사는 풀은 가장 진한 녹색을 띄고 있습니다. 또 많은 눈물과 슬픔이 보여지는 곳이라면, 어디에든 항상 아름다운 위로의 미덕과 하나님의 사랑으로 충만한 사람들의 마음을 보게 됩니다.

특히 하나님께서 자신의 얼굴을 당신에게 숨기실 때, 하나님께서 당신을 잊으셨다고 말하지 말아 주십시오. 하나님은 당신이 하나님을 더욱 사랑하는 사람이 되도록, 조금 손질을 가하는 것에 지나지 않으며, 그 포도나무가 더욱 풍성하고 더욱 완전한 열매를 맺도록 조금 가지치기를 하시는 것입니다.

제4장
설명서를 읽으십시오

이것은 또 하나의 '마음에서 마음으로' 통하는 이야기이며, 그 옛날의 먹음직스런 미주리의 옥수수 빵 이야기입니다. 그러나 옥수수 빵에 대해서가 아니라, 아이스 티(iced tea)에 대한 이야기를 하려고 합니다.

여러분에게는 이상한 일로 보여질는지 모르지만, 털어놓고 말하기로 하겠습니다. 내가 어렸을 때, 이 세상에서 가장 놀라운 것은 아이스 티라고 확신하고 있었습니다. 오늘날 우리가 알고 있는 콜라나 소프트 드링크류, 또는 탄산음료는 당시에는 없었습니다. 내가 처음으로 아이스 티를 맛보았을 때의 기억은 지금도 간직하고 있습니다. 그것은 벨 이모님 댁에서였습니다. 벨 이모는 언제나 어떤 것에도 "앞서" 있었습니다! 캔자스 시티에 등장하는 어떤 것이라도 벨 이모가 살고 있던 미주리 주의 조그마한 시골마을인 알마(Alma)에 있는 이모의 집에 그 다음에 그것이 이미 있었습니다. 콘코디아의 죠 쿨만의 집이 처음으로 아이스 티를 가지기 전에 벨 이모는 알마에서 그것을 가지고 있었던 것입니다. 그러나 벨 이모님이 일요일 만찬에서 그것을 내놓으면 그녀의 자매인 나의 어머니 엠마 쿨만은 다음날에는 반드시 그것을 구입해서 가지고 있었습니다.

어머니가 아이스 티를 내놓을 때는 언제나 특별할 날이었습니다. 나는 어머니를 주의깊게 바라보고 있었습니다. 지금도 그 리프톤(Lipton) 상자를 기억해 낼 수 있습니다. 그것이 어떤 상자였는지는 정확히 기억하고 있습니다. 어머니가 그 상자에서 홍차를 조금 꺼내서, 그것을 토기용기에 넣는 모습을 나는 기억합니다. 어머니는 그것에 끓는 물을 붓고 마지막에는 그 용기 위에 뚜껑을 덮었습니다.

그런데 어느 날, 어머니가 집에 없었습니다. 나는 오늘은 마시고 싶은 만큼 아이스 티를 마시려고 작정했습니다. 조금만 마셔도 맛있는 것이라면 많이 마신다면 얼마나 맛있을까 하고 기대하면서 흥분했던 일을 기억하고 있습니다!

나는 그 홍차 상자를 꺼내서 그것을 죄다 비워 버렸습니다. 토기용기에 모두 넣었습니다. 나는 어머니가 하던 대로 물을 끓여서 그것을 홍차 위에 부었습니다. 나는 어머니가 사용하고 있던 것과 같은 뚜껑을 꺼내서 토기

용기 위에 올려다 놓았습니다.

 나는 기다리고 기다리고, 기다렸습니다. 한참 지나서 나는 뚜껑을 열었습니다. 그런데 놀랍게도, 그것은 내가 보게 되리라고 기대하던 것처럼 보이지 않았습니다. 나는 어머니가 하던대로 했다고 생각했습니다. 그러나 그것은 새카맣게 되어 있었습니다. 나는 끓인 물을 더 부었으며, 그리고 더 많은 물을 부어 넣었습니다.

 계속해서 물을 부어서 어머니가 부엌에 두었던 모든 조리기구를 홍차로 흠뻑 젖게 했습니다. 나는 너무나 많은 홍차를 마시고는 어떻게 해야 좋을지 모르게 되었습니다. 나는 이제 더 이상 물 붓기를 멈추었습니다. 그리고 갑자기 근처에 있는 사람들에게 홍차를 가지고 가야겠다는 생각이 떠올랐습니다. 나는 여러분이 본 적이 없을 정도로, 최악의 혼란에 빠져서 정신이 없었습니다.

 어떻게 해서 일이 이렇게 되어버린 것일까? 그것은 내가 사용 설명서를 읽지 않았기 때문입니다. 나는 너무 어려서 읽을 수가 없었고 설명서를 읽어야 할 필요성이 있는지도 몰랐던 것입니다. 그러므로 설명서를 읽고 거기에 따랐더라면 좋았을 텐데, 그렇게 하지 않았기 때문에 혼란에 빠졌던 것입니다.

 우리 그리스도인들은 멈추어 서서 설명서를 읽어야 할 필요가 있습니다! 상식을 알고 하나님의 말씀의 교훈으로 인도받아 성령으로 충만한 생활을 해야 합니다.

내가 이것을 몇 번이나 반복하여 말씀드리는 것은 그것이 너무나 중요하기 때문입니다.

상식을 알고 하나님의 말씀의 교훈으로 인도받음으로 성령충만한 삶을 살아야 합니다.

성실함(sincerity)에 관해서는 의심할 여지가 없는 하나님의 귀한 자녀들이 많이 있습니다.

여러분도 그들의 성실함에 대해서는 의심해 본 적은 없을 것입니다. 그러나 불행하게도 그들 가운데 많은 이들이 멈추어 서서 설명서를 읽은 적이 없습니다! 그들은 설명서를 읽고 있지 않기 때문에 또 말씀의 가르침을 따르고 있지 않기 때문에 매우 놀랍고 매우 귀중하며, 매우 사랑스러운 것에 비난을 초래하고 있습니다.

계속해서 말씀드리기 전에 여기에서 여러분께 상기시켜드리지 않으면 안되겠다고 생각합니다. 지금 살고 있는 사람들 가운데 나만큼 성령님의 인격에 열중해 있는 사람은 없습니다. 살아있는 사람 중에서 나만큼 성령으로 충만되는 놀라운 오순절의 경험을 믿고 있는 사람은 없습니다. 나는 온 몸으로 그 다락방에서의 경험 즉, 성령세례를 믿습니다. 그러나 그럴지라도 나는 말씀의 교훈을 따라야 할 필요성이 있음을 인정합니다.

성령으로 충만되는 이 놀라운 경험에 관해서 우리가 자문해 보아야 할 두 가지의 질문이 있습니다.

(1) 내가 하고 있는 이 놀라운 경험은 교회 덕성을 함양(edification of the church) 하는 것인가?
(2) 나는 이 경험을 영혼의 구원을 위해서 사용하고 있는가?

진짜와 가짜를 구별하는 것은 이것에 의해서 언제나 가능합니다. 즉, 성령에 의한 것이라면, 성령으로 인해 능력이 주어지고, 영혼을 구원하는 특징이 나타나는 것입니다. 솔직히 말씀드리지만, 이 귀중한 경험이 영혼을 건져내는 것 이외의 모든 것을 위해서 사용되고 있다고 생각할 때가 때때로 있습니다. 나는 고백드리지만 내가 분노를 느끼게 될 때도 있습니다. 그것이 습관이 되어버렸기 때문인지, 가르침을 받지 못해서인지는 나는 알지 못합니다.

성령으로 충만되어 있는 매우 많은 사람들이 방언을 말하는 것을 너무나도 강조하지만, (성령으로 충만되는 경험은 그만큼 놀랍고 전율로 충만한 것이 될 수 있지만) 그 경험을 넘어서 성장해 있지는 않습니다. 바꾸어 말하면 그들은 "다락방"에 머물러 있는 것입니다.

나는 성령의 충만한 그리스도인들을 보아 왔습니다. 그들은 서로 악수를 하며 인사를 나누고, 먼저 이렇게 말합니다.

"하나님의 축복이 있으시길! 당신은 방언을 합니까?"

최대의 관심사가 "방언으로 말하는 것"이라는 성령 충만한 여성들을 만난 적도 있습니다. 나는 방언을 믿습니다! 성경이 그것을 가르치고 있기 때문에 나는 그것을 믿어야 합니다.

그러나 우리가 가장 우선하는 열망이 영혼을 주 예수 그리스도께로 인도하는 것이 되는 날은 오순절 운동에 있어서도 주 안에 있는 우리 모든 형제 자매들에게 있어서도 놀라운 날이 될 것입니다.

우리는 성령충만한 백성들로서 거룩한 그리스도인의 사랑으로 서로 손을 굳게 잡고 이렇게 말할 필요가 있습니다.

"하나님께서 여러분을 축복하시길! 당신은 오늘 몇 사람의 영혼을 주님께로 인도했습니까? 당신은 이번 주에 누구를 예수님께로 인도했습니까?"

성령으로 충만한 하나님의 귀한 사람들 가운데는 "다락방"에서 한 번도 밖으로 나온 적이 없는 사람들이 많이 있는 건 아닐까? 하고 나는 때때로 생각해 봅니다. 멈추어서 생각해 보십시오. 만일 그 백 이십 문도가 다락방에서 나가지 않았다면 예루살렘이 하나님의 권능으로 흔들리는 일은 결코 없었을 것입니다!

만일 그 백 이십 문도가 계속 '다락방'에 머물러 있었다면, 성령께서 베드로의 혀에 기름을 부으시고 그것을 하나님의 영광을 위해 사용하시고 삼 천명이나 되는 사람들이 예수 그리스도의 구원을 알게 되기에는 결코 이르지 못했을 것입니다.

그 백 이십 문도가 다락방에만 계속 머물러 있었다면 하루에 오 천명의 사람들이 교회에 더해지는 일은 결코 없었을 것입니다.

제가 말씀드리는 요지를 이해하시겠습니까?

당신은 "다락방"에서 한 번도 밖으로 나온 적이 없는 사람입니까? 다락방이 놀라운 장소인 것을 나도 인정합니다!

언젠가 베드로와 요한이 우리에게 개인적으로 그 다락방에서 일어났던 일을 상세하게 설명해 주실 것입니다. 그들은 그후에도 줄곧 그곳에 머무르고 싶었던 것은 아니었을까 하고 생각합니다. 그렇지만 그들에게는 하지 않으면 안될 일이 있었습니다. 하나님께서 그들에게 "다락방의 경험"을 주신 것은 한 가지 목적을 위해서였습니다. 그들은 이 영적인 유희를 계속하고 다락방에 계속 머물러 있어서는 안되었던 것입니다. 그들은 충만되어 있고 능력을 받았지만, 그것은 한 가지 목적을 위해서였습니다. 아시다시피, 그 목적이 성취된 것은 그들이 그 다락방을 나와서 성령의 기름부으심과 권능으로 주 예수 그리스도를 위해 증거를 했을 때입니다.

어느 날 아침 일찍 나는 베드로, 야고보, 그리고 요한

이 변화산 산상에서 받은 놀라운 경험에 대해 생각하고 있었습니다. 그들의 눈 앞에서 돌연 예수님의 모습이 변한 것을 목격했을 때에 그들이 느꼈을 전율을 생각해 보십시오. 영적인 존재로서가 아니라, 실제로 나타났던 모세와 엘리야를 보면서 서 있었을 때, 그들이 느꼈을 흥분을 생각해 보십시오. 그들은 거기에 있었습니다. 그들은 모세를 보았습니다. 그들은 엘리야를 보았습니다. 그들은 모세와 엘리야 임을 금방 알아차렸던 것입니다.

"그 때에 모세와 엘리야가 예수와 더불어 말하는 것이 그들에게 보이거늘" (마태복음 17:3)

베드로는 흥분하고 그 놀라움에 취해서 어떡해야 좋을지 알지 못하게 되었습니다. 그는 거기에 언제까지나 머물러 있고 싶었으므로, 어떻게 하면 그들을 거기에 언제까지라도 머무르게 할 수 있을까 하고 생각했습니다. 그는 예수님 쪽을 향하여 말했습니다.

"주여, 우리가 여기 있는 것이 좋사오니 만일 주께서 원하시면 내가 여기서 초막 셋을 짓되 하나는 주님을 위하여, 하나는 모세를 위하여, 하나는 엘리야를 위하여 하리이다" (4절)

베드로는 천막 세 개를 지으면, 변화산의 놀라운 영광의 상태를 언제까지나 유지할 수 있을 거라고 생각했던 것입니다! 그는 이 은혜와 자신이 보고 있던 영광에 매료되어 기뻐하며, 그 장소에서 결코 떠나고 싶지 않았던 것입니다!

그러나 거기서 멈추어서는 안됩니다! 그 장(章)을 조금 더 살펴보면 예수님이 그 세 사람을 데리고 산을 내려가시는 것을 알게 됩니다. 주님이 그 세 사람을 군중들이 있는 쪽으로 인도하여 가시는 것을 알 수 있습니다. 산 아래 골짜기에서 굶주리고, 결핍되어 있으며, 죄에 짓눌려 있는 사람들이 있는 쪽으로 인도하셨습니다. 그리고 제자들이 맨 처음 만난 것은 간질병 아들의 아버지였습니다.

그렇습니다. 제자들은 그곳에 내려갔습니다.

사랑하는 여러분, 그들이 내려갔던 골짜기에는 영원한 생명의 말씀에 굶주려 있는 사람들이었습니다. 변화산의 경험으로 인해 하나님께 감사드립니다. 그렇지만 베드로와 야고보와 요한은 거기에 머물러 있어서는 안되었습니다. 그들은 사람들을 도울 수 있는 골짜기에까지 내려가야 했습니다.

다락방에서의 경험으로 인해 나는 하나님께 감사드립니다. 성령의 세례로 인해, 나는 하나님께 감사드립니다. 성령세례가 없으면 검을 가지지 않고, 기름이 없는 등 즉, 불이 꺼진 등을 가지고 파견되는 병사와 같은 사람이 되어버립니다.

성령의 권능으로 인해 하나님께 감사드립니다. 그것은 놀라운 경험이며, 섬김을 위한 권능을 부여해 주는 것입니다.

그렇지만 베드로와 야고보와 요한이 변화산에 계속 머물러 있어서는 안되고, 구세주의 인도하심으로 영원한 생명의 떡을 사람들에게 나누어 주었던 것과 완전히 동일하게 여러분도 나도, "다락방"에서 나아가서, 우리가 경험한 것을 사람들에게 나누어 주지 않으면 안됩니다. 우리는 "다락방"에 계속해서 머물러 있는 한 하나님의 말씀을 누군가에게 전하지 않고 있는 것입니다.

사랑하는 여러분, 오늘 이 사실을 기억해 주십시오.

다락방의 경험은 섬김을 위한 권능을 여러분에게 주기 위한 경험이어서, 사람들을 주 예수 그리스도께 인도하는 것 이상으로 위대한 섬김은 아무것도 없다는 것입니다.

나의 형제 자매 여러분, 내가 여러분과 악수할 때, 나는 여러분에게 이렇게 질문하고 싶습니다. "당신은 다락방의 경험을 하고 나서 몇 사람을 주님께로 인도했습니까?"라고 말입니다.

제 5 장
그리스도의 장성한 분량에 이르기까지

"우리가 다 하나님의 아들을 믿는 것과 아는 일에 하나가 되어 온전한 사람을 이루어 그리스도의 장성한 분량이 충만한 데까지 이르리니" (에베소서 4:13)

바울 서신에 있는 이 놀라운 구절에는 전체로서의 교회가 그리스도 예수 안에서 완전케 되는 것에 관해서 분명히 서술하고 있습니다. 그러나 결코 잊지 말아 주십시오. 교회가 장성한 성인으로서의 분량에까지 성장하는 것은 교회를 구성하고 있는 개개인도 그리스도인으로서의 품성에서 완전케 될 때입니다.

바울은 확실히 전체로서의 그리스도의 몸을 말하고 있습니다. 그렇지만 국가가 국민 한 사람 한 사람으로서 구성되어 있는 것과 마찬가지로 그리스도의 교회에 대해서 같은 사실을 말할 수 있습니다.

교회는 한 사람 한 사람의 그리스도인으로 이루어져

있으며, 바울이 언급하고 있는 것은 전체로서 그리스도의 교회의 완성 뿐만 아니고 그리스도의 교회를 구성하고 있는 그리스도인 한 사람 한 사람의 완성이기도 합니다. 그러므로 여기에 나타나 있는 것은 그리스도인이 성장해야 할 품성이기도 합니다.

중요한 사실을 깨달으십시오. 그리스도인은 그리스도를 닮은 모습으로 성장해야 하고 그리스도야말로 성장의 모범입니다.

내가 젊었던 시절, 커다란 바위 얼굴(The Great Stone)이라는 호손의 전설로부터 강한 인상을 받았던 것을 기억합니다. 여러분도 그 전설을 기억하고 있으며, 그 약속을 알고 있을지도 모르겠습니다.

즉, 장래 언젠가 그 큰 바위에 묘사되어 있는 동일한 인물이 나타난다고 하는 것입니다. 한 명의 청년이 있었습니다. 그는 그 바위에 조각된 얼굴을 날마다 바라보며 그 꿈까지 꾸며 그 바위 얼굴과 닮은 사람을 찾았습니다. 시간이 지남에 따라 사람들이 알게 된 것은, 그 청년 자신의 얼굴이 그 바위에 새겨진 얼굴을 닮아왔다는 것이었습니다. 사람들은 이 남성 안에 그 바위 위에 새겨진 인물의 위대한 정신이 있다는 사실을 깨달았던 것입니다. 그 약속되어 있던 인물은 이 열심히 기대하고 있는 청년의 혼에서 사람들에게로 이미 와 있었던 것입니다. 나는 젊었을 때, 이 이야기를 듣고 받았던 인상을 결코 잊을 수 없을 것입니다.

여기 에베소 4장 13절에서 바울은 하나님의 진정한 자녀에게 꼭 맞는 것을 말하고 있습니다. 또 고린도후서 3장 18절에는 종종 잘못 이해되고 혼동되는 말씀이 있습니다.

"우리가 다 수건을 벗은 얼굴로 거울을 보는 것 같이 주의 영광을 보매 (이 경우의 영광은 성질(character)을 뜻합니다) 그와 같은 형상으로 변화하여 영광에서 영광에 이르니 곧 주의 영으로 말미암음이니라"

이것은 우리들 한 사람 한 사람이 최종적으로 이미 한 사람의 그리스도가 된다는 의미일까요? 아닙니다. 이 구절의 진정한 의미를 잘못 이해하고 그런 의미라고 주장하는 사람들도 있었습니다.

그렇지만 나는 성령께서 여러분의 스승이 되어주시길 기도드립니다.

이 말씀을 다시 한 번 읽어보면서 **"같은 형상으로 변화하여"** 라는 말에 주의해 보십시오. 그것은 같은 것이 아니고, 닮아있는 것입니다. 그것은 인간을 신격화하는 현대의 가르침과는 전혀 관계가 없습니다. 즉, 인간이 희생을 치르고 노고함으로 인해, 인간을 구속의 주님이신 그리스도와 같은 의미에서 구세주로 해버리는 것입니다. 인간은 누구라도 스스로 완벽한 자가 될 수 있고, 살아계신 하나님의 아들과 동등한 그리스도와 같은 자가 될 수 있다고 하는 가르침을 결코 받아들여서는 안됩니다.

"그와 같은 형상으로 변화하여 영광에서 영광에 이르니"라는 말씀은 하나님의 독생자의 도덕적인 아름다움과 놀라운 성품을 헌신적이고 열심히 습득함으로 변화해가는 것을 표현하고 있습니다. 우리는 그리스도를 닮은 자가 되어야 합니다. 우리는 그리스도를 닮은 자가 되어, 그리스도의 성품에 참여하는 자가 되어, 이 세상이 우리 그리스도인들이 볼 때 다음처럼 말하기까지 되어야 합니다.

"당신 안에 영광이 반영되고 있는 그분은 누구입니까? 당신의 삶을 통하여 은혜를 방출하시는 분에 대해 우리에게 말해 주십시오"

여러분께 상기시켜 드리고 싶습니다. 거듭난 사람은 믿음으로 하나님 앞에 의인으로서 서 있습니다. 그러나 우리가 의인으로 서 있는 것은 우리의 삶을 통하여 이 전세계 (우리의 이웃, 친구, 가족, 직장에서 접하는 사람들도 포함합니다) 앞에서도 서 있습니다.

오늘날 많은 남녀가 접하는 유일한 그리스도는 그리스도인 남녀이며, 그들에게는 예수님의 사랑을 반영해 낼 책임이 있습니다. 이 세상 사람들은 하나님의 말씀에 대해서는 전혀 알지 못할지도 모릅니다. 그들은 결코 교회의 집회에는 출석하지 않을지도 모릅니다. 그들은 그리스도와 관계된 어떤 것에 직접 접촉하거나, 예수님과 개인적인 관계를 가지는 것은 전혀 없을지도 모릅니다. 그러나 그들은 여러분과 접촉하는 것을 통하여 여러분이 비추어내고 있는 그리스도의 영광과 여러분이 섬기는 그리스도의 사랑과 겸손을 보고 있습니다.

사람이 거듭나는 순간, 그리스도는 그 신자의 혼 안에 거처를 정합니다. 그리고 그 신자 자신은 이미 자기 자신의 것이 아니라, 그리스도 예수의 것이 됩니다.

그 이후의 인생은 계속해서 자기를 부정하는 삶이며, 아무리 숭고한 성품이 나타날지라도 그것은 그 사람 안에 계시는 완전하신 분이신 그리스도 예수의 나타나심에 지나지 않습니다.

나는 아우구스티누스에 대해 쓰여진 책을 즐겨 읽습니다. 그는 매우 비참하고 죄많은 삶을 살았는데 후에는 그리스도께 자신을 드리고, 이전에 행하던 악한 행위들과 악한 교제들을 단절했습니다. 어느 날 그가 카르타고 거리를 걸어가고 있었을 때, 그가 이전에 죄에 빠진 생활을 하고 있었을 무렵에 매료된 적이 있는 어느 여성과 마주쳤습니다. 곧바로 그는 방향을 바꾸어 그녀로부터 도망갔습니다. 그의 뒤에서 그녀의 외치는 음성이 들려

왔습니다. "왜 도망가는 거야. 아우구스티누스? 나야!" 그러자 아우구스티누스는 더욱 힘껏 도망치면서 외쳐서 대답했습니다. "나는 이제 옛날의 내가 아니기 때문에 도망가고 있다! 이제 더 이상 과거의 내가 아니야!"

위대한 종교 개혁자 마르틴 루터가 언젠가 이렇게 말했습니다.

"여기에 살고 있는 것은 마르틴 루터가 아닙니다. 이곳에 사시는 분은 예수 그리스도입니다."

또 한 사람의 위대한 하나님의 사람인 사도 바울의 말은 여러분도 나도 읽은 적이 있는데, 그는 이렇게 말했습니다.

"이제는 내가 사는 것이 아니요, 오직 내 안에 그리스도께서 사시는 것이라" (갈라디아서 2:20)

이렇게 놀랍게 변화시켜 주시는 하나님을 찬양합니다!

우리가 그리스도 예수 안에서 새로운 피조물이라는 사실은 성경적입니다. 그리고 그리스도가 당신의 인생 안에 들어와 주셨는데 당신이 새 사람이 되어 있지 않다면 당신은 거듭나 있지 않는 것입니다. 당신이 그 경험(거듭남)을 하기 전과 똑같은 상태로 있다고 한다면, 당신은 그 경험(거듭남)을 결코 한 적이 없는 것입니다.

변화받는 사람들도 있습니다. 그 사람은 아우구스티누스가 외쳤던 것처럼 "나는 더 이상 과거의 내가 아니기 때문에 도망하고 있는 것이다!"라고 말할 것입니다.

예수 그리스도는 거듭난 신자들 한 사람, 한 사람 안에 거하십니다. 그리고 그 사람 안에 그리스도가 계신다는 것은 그 사람의 생활 가운데 그리스도가 형성되어 가는 것을 의미하기도 합니다.

그는 어떤 것에도 그리스도와 같은 생각을 하고 그리스도와 같은 성품을 가지게 될 것입니다. 그리고 믿지 않는 자들이 그 그리스도인의 걸음과 대화, 그의 삶의 방식을 볼 때, 그리스도께서 그 사람의 혼과 생명과 생활 안에서 이 땅에 돌아오셨음을 이 세상이 깨닫게 될 것입니다. 나는 그리스도를 대표하고 있습니다. 만일 당신이 그리스도인이라면 당신도 그리스도를 대표하고 있습니다. 그것이 바로 그리스도인이라는 것의 의미입니다.

나는 인생에서 그리스도의 형상을 본받는 것에 대해서 말씀드리고 있습니다만 그것은 뭔가 빈약한 인간이 하는 것과는 다릅니다. 그리스도께서 친히 들의 백합화에 대해서 놀라운 비유를 말씀해 주셨던 것을 기억해 주십시오.

"들의 백합화가 어떻게 자라는가 생각하여 보라" (마태복음 6:28)

백합은 어떻게 자라는 것일까요? 백합의 일생에는 분투(struggle)하는 것은 전혀 없습니다. 도토리 한 알이 어떻게 참나무가 될까요? 그것은 뭔가 노력하는 것에 의해서가 아니고, 참나무가 그 안에 있는 생명을 자연스럽게 성장시키는 것에 의해서입니다. 백합도, 참 나무도 성장하기 위해 분투하는 일은 없습니다. 그것은 자연스런 성장과정입니다.

그것과 마찬가지로 그리스도인이 그리스도를 닮아가는 것도 인간이 그리스도의 성품을 창출해내려고 분투하거나 노력해서가 아닙니다. 그것은 흉내를 내는 것에 의해서도 아닙니다. 오늘날 모조품과 가짜는 실로 많이 있습니다. 진짜가 있으면 언제나 반드시 누군가가 그것의 가짜를 만들어 내는 것은 입증된 사실입니다.

이렇게 거짓(counterfeit) 그리스도인들이 존재합니다. 그러나 그리스도인의 인생에서 그리스도를 닮아가는 것은 가장 자연스러운 것입니다. 그것은 자연스러운 성장입니다. 그것은 노력하지 않고도 저절로 성장되는 것입니다.

그러면 몇 가지 분명한 사실을 보기로 하겠습니다. 그리스도를 닮은 사람이 된다는 것은 어떤 것일까요? 알기 쉽게 말씀드리면 그것은 우리가 가정에서 함께 살기 편한 또 살기 쉬운 사람이 되는 것, 함께 생활하기 쉬운 사람이 되는 것입니다. 집 밖에서는 예의 바르고 대인관계가 원만하고, 좋은 사람이면서 자기 가정 안에서는 곰과 같이 기분 언짢아서 화를 잘 내는 것은 더 이상 없어지는 것입니다.

사람들 앞에서는 실로 상냥하고 친절한 사람인데, 자기 집에 들어오는 순간, 거리를 걸어가는 어떤 사람들과 전혀 다르지 않는 비열하고 심술을 부리며 싸움을 좋아하는 사람이 있습니다. 나는 그런 사람을 알고 있습니다. 그런 사람들이 가짜입니다. 그런 변덕스런 성질을 점점 다스려지고 없어져 가게 될 것입니다. 언제나 자신의 감정이 쉽게 상하여서 쉽게 화를 내는 감각은 사라져 갈 것입니다. 왜 그럴까요? 왜냐하면 이기적인 삶의 방식은 십자가에 못 박히고 죽은 사람이라면 어떤 감정도 가질 수 없게 되기 때문입니다.

그렇지만 유감스럽게도, 하나님의 교회 안에 매우 생생하게 살아있는 시체들이 얼마나 많이 있습니까! 자기 중심적인 삶의 방식이 십자가에 못 박혀도 쓰라린 마음, 용서하지 않는 마음과 같은 것들이 날개를 달고 날아다니기 시작합니다.

당신이 증오심을 묻어버리고 떠날 때, 당신은 그 묘지에 꽃을 꽂아 놓기 위해 시간을 소모하지는 않을 것입니다. 그렇지만 많은 사람들이 그렇게 하고 있습니다. 그리고 자신의 상처를 매장하고 떠난 후에, 때때로 낡은 곡괭이와 삽을 가지고 나와서 그 묘를 다시 파내는 것입니다.

"자기는 평범한 사람으로서 선량하며 어쩌면 조금은 나은 사람일지도 모른다"고 하는 생각도 그리스도가 그 사람의 생활을 다스려 주실 때, 진정한 겸손으로 바뀌어져 갑니다. 그것은 분명히 역사합니다!

자기 중심적 성격이 십자가에 못박힐 때, 이 세상의 생활에 변화가 나타납니다. 사람들은 그런 변화를 알아차리게 되고 지금까지 그리스도를 한 번도 믿었던 적이 없는 자신의 생활과 비교해보게 됩니다.

성경말씀이 어떻게 말씀하시는지 보도록 하겠습니다. 그리스도인이라는 것은 어떤 것일까? 생활이 바뀌는 것, 그리고 그 결과 완전케 되는 것들을 포함하고 있습니다.

"우리가 다 하나님의 아들을 믿는 것과 아는 일에 하나가 되어 온전한 사람을 이루어 그리스도의 장성한 분량이 충만한 데까지 이르리니 이는 우리가 이제부터 어린 아이가 되지 아니하여 사람의 속임수와 간사한 유혹에 빠져 온갖 교훈의 풍조에 밀려 요동하지 않게 하려 함이라. 오직 사랑 안에서 참된 것을 하여 범사에 그에게까지 자랄지라. 그는 머리니 곧 그리스도라" (에베소서 4:13~15)

예수님의 뛰어나신 성품을 보십시오. 그분의 도덕적 아름다움의 눈부신 영광을 보십시오. 그리고 그분을 닮은 자가 된다는 사실에 대해 생각해 보십시오. 그분의 숭고하고 확고하신 믿음, 세상 사람들을 구원하기 위해서 그분이 주시는 의로운 목적과 권능에서 그분과 닮은 자가 되는 것입니다. 성부 하나님의 뜻을 성취하는 데는 말로는 표현할 수 없는 고뇌가 동반되었지만 그럴지라도 그 뜻에 기쁘게 복종하셨다는 점에서 그분과 닮은 자가 된다는 것을 생각해 보십시오. 그분은 자신을 망각해 버리기까지 자신의 온 존재를 다해 자신을 따르는 사람들을 향한 열정을 계속 가지셨습니다. 바로 그 열정에서 그분과 닮은 자가 된다는 사실을 생각해 보십시오.

여러분은 혼에 대한 참된 열정이란 과연 무엇인지 알고 싶습니까? 여러분은 과거에 혼에 대한 진정한 동정심, 혼에 대한 진정한 사랑을 가졌던 적이 있습니까? 여러분은 자신을 잊어버리고 다른 사람들을 위해 희생을 치르고 그 희생을 치른 것조차도 잊어버리기까지 완전히 다른 사람들을 생각해 본 적이 있습니까? 여러분이 그렇게 한 것은 여러분이 그들을 사랑하고 그 사랑을 표현하고 싶었기 때문입니까? 여러분은 전에 여러분이 알고 있던 사람을 위해, 혹은 여러분의 동정과 도움과 사랑을 필요로 하는 사람들을 위해 열심히 걱정한 나머지, 자신을 잊어버리고, 자신의 바램과 필요를 잊어버린 적이 있습니까?

예수님을 박해하던 자들은 격렬하게 노하여 그분을 나무에 못 박았지만, 그래도 그분은 개인적 악의나 증오심은 추호도 없었습니다. 그런 마음에서 생겨나는 제한 없는 용서라는 점에서 예수님을 닮은 자가 되어야 하는 것입니다!

가난하고 의기소침해 있는 사람들을 무한정 동정하고 불행을 지고 살아가는 사람들에 대해 긍휼히 여기는 마음으로 자신의 생명을 버리신 그분의 부드러운 동정심에서 그분을 닮아야 하는 것입니다.

사랑하는 여러분, 우리는 우리의 성품이 계속 변하여서 그리스도와 닮은 모습이 되기까지 변화해가야 하지 않겠습니까?

제 6 장
희망

지금 현재 당신이 어떤 삶을 살고 있든, 지금 당신이 얼마나 커다란 문제에 직면해 있든 하나님은 지금도 여전히 보좌에 좌정해 계시고, 기도에 귀를 기울여 응답해 주시는 한, 그리고 당신이 견고히 하나님을 신뢰하고 있는 한, 어떤 것일지라도, 모든 것은 잘 되어 갈 것입니다!

나를 알고 있는 사람들은 지금 제가 말한 것을 몇 번이나 듣고 있을 것입니다. 내가 매우 중요하게 느끼고 있는 "소망"이라고 하는 메시지를 시작하기 전에, 또 내가 하나님의 말씀으로부터 배워온 진리 중 얼마를 여러분에게 다 말하기 전에, 삼위일체의 세 번째 위격이시며, 생명을 주시는 놀라우신 성령님께 당신이 당신의 지성을 활성화시키도록 그분께 허락해 드리고 나 자신의 영에 분명히 해주셨던 여러 가지 거룩한 진리들에 당신이 참여하는 자가 되도록 나는 기도드립니다.

얼마 전에 완전한 실의와 낙담에 빠져있던 한 남성이 내게 와서 고백했는데 그는 여러 가지 문제를 안고 있었습니다.

"미스 쿨만, 나는 이제 희망을 제외하곤 아무것도 남아 있지 않습니다"

나는 그를 향해 말했습니다. "그건 놀라운 일입니다! 놀라운 일이에요! 축하드립니다!"

그가 나를 뚫어지게 쳐다보던 표정을 나는 결코 잊지 못할 것입니다. 그는 한 순간 할 말을 잊고는 놀란 모습으로 중얼거렸습니다. "도대체 당신은 나의 무엇을 축하한다고 말씀하시는 것입니까?"

나는 이렇게 대답했습니다.

"당신이 희망을 가지고 있다는 것을 축하드리는 것입니다. 당신이 드디어 희망에 주목하는 수준에 도달한 것을 축하드리는 것입니다. 드디어 당신은 필수적이지 않는 것들을 제거해 버렸습니다. 다른 어떤 것도 깨끗이 정리하고 희망이라 불리는 이 역동적인, 결코 결여될 수 없는 이 놀랄만한 능력에 대해 눈이 열린 것입니다. 당신은 희망을 가지고 있는 한 세우기 위한 튼튼하고 좋은 토대를 가지고 있는 것입니다. 희망이 있다면 당신은 패배한 것이 아닙니다. 당신은 조금도 패배한 것이 아닙니다. 실제로 이 사실을 알기만 하면, 당신은 이미 승리로 향하는 길에서 걷기 시작한 것입니다. 당신은 이미 성공에 이르는 도상에 있습니다!"

　나는 그것을 진지하게 말했습니다. 그리고 지금도 나는 진심으로 진지하게 당신에게 말합니다. 당신에게 어떤 일이 일어나도 당신이 아무리 비참한 환경에 있을지라도 당신의 인생에 어떤 일이 일어날지라도, 만일 당신이 희망을 가지고 있다면 당신은 결코 패배자가 되지 않습니다.

　그러나 이 질문을 당신에게 하겠습니다. 당신은 어떻게 희망을 가져야 좋을지 참으로 알고 있습니까? 만일 당신이 당신을 위해 희망을 어떻게 작동시키는지 방법을 알고 있다면 당신은 차례차례 승리해 나아갈 수 있습니다. 나는 어떻게 그것을 알고 있을까요? 왜냐하면 이것이 내 자신의 인생에서 지금까지 역사해 왔기 때문입니다. 내가 여기에서 여러분께 말씀드리려고 하는 것은 진실로 내 인생에 비밀들 가운데 하나입니다.

　나를 가장 잘 알고 있는 사람들에게 물어 보십시오. 나는 어떤 상황에서도 결코, 결코 패배하지 않습니다. 결코 패배하지 않습니다.

　문제의 거친 파도가 밀려와도 나의 조그마한 손가락 하나밖에 물 위에 나오지 못해도 나는 평안합니다. 나는 여전히 희망을 가지고 있습니다. 가령 하늘이 새카맣게 변하고 별이 비춰는 가장 희미한 빛조차 전혀 보이지 않을지라도 나는 평온합니다. 하늘에 달도 빛도 전혀 보이지 않아도, 희망은 그 새까만 하늘 속에 나를 위해 별을 아로새길 수 있습니다. 그리고 당신을 위해서도 그렇게 할 수 있습니다! 내가 진실로 진지하게 말하고, 또 하나님께 기도하는 것은 당신이 이것을 읽어나갈 때 희망이라 불리는 이 놀라운 것에 이전에는 결코 없었을 정도로 바라보고 이해할 수 있게 되는 것입니다.

기억해 주십시오. 그리스도 예수 안에는 패배가 없습니다.

이러한 말을 읽고 있는 사람은 누구라도 원수에게 패배해야 할 필요는 결코 없습니다. 당신이 패배 가운데 가라앉아 버릴 필요가 없는 것은 하나님께서 당신을 패배자로서 창조하신 것이 아니기 때문입니다. 당신은 승리자가 되기 위해 창조되었습니다! 당신이 누구이든, 어떤 상황에서 생활하고 있어도 상관 없습니다. 당신은 패배를 위해 창조된 것이 아닙니다. 당신이 패배하는 것은 패배에 스스로 동의할 때 뿐입니다.

왜냐하면, 하나님 아버지 우편에 앉아 계시는 분, 위대한 대제사장의 직임에 계시는 분, 살아계신 하나님의 아들이신 분, 당신을 위한 변호자(Adovocate)이시며, 언제나 살아계셔서 당신을 위해서 중보하시는 분이 당신과 함께 하시기 때문입니다. 우리들 중 누구든지 잘 알고 있는 말씀이 있습니다. 고린도전서 13장 12절부터 읽어봅시다. 바울은 이렇게 말하고 있습니다.

"우리가 지금은 거울로 보는 것 같이 희미하나 그 때에는 (여기에서 바울이 『그때』라는 말을 사용하고 있는 것은 우리가 이미 믿음도 소망도 더 이상 필요로 하지 않게 될 때를 그가 말하고 있기 때문입니다) **얼굴과 얼굴을 대하여 볼 것이요, 이제는 내가 부분적으로 아나 그 때에는 주께서 나를 아신 것 같이 내가 온전히 알리라"**

『지금』이라는 말로서 바울은 이 지상의 육 가운데 있는 인생, 우리의 매일의 삶을 말하고 있습니다. 그러나 그가 『그때』라는 말을 사용할 때, 우리는 이미 믿음도 소망도 더 이상 가질 필요가 없어질 때를 말하고 있습니다. 그때, 우리의 믿음은 현실이 되어 있기 때문입니다. 그때 우리가 더 이상 소망을 가질 필요가 없어지는 것은 우리가 놀라우신 예수님의 앞에 서서 이 죽어야 할 것이 죽지 않음(immortality)을 입을 때, 우리에게는 이제 무거운 짐도, 문제도, 슬픔도, 질병도, 탄식도 없어지기 때문입니다. 이제 이해하시겠습니까? 바울이 『그때』에 대해서 말할 때, 썩을 것(즉, 이 땅에서 우리의 육신이 썩지 않는 것(우리의 부활한 몸)을 입을 때를 말하고 있습니다.

여러분이 그것을 분명하게 이해할 수 있도록 기도드

립니다. 지금 나는 부분적으로 밖에 알지 못하지만, 그 때에는 우리가 지금 알려져 있는 것과 똑같이 우리가 알게 됩니다.

"**그런즉** (바울이 말하고 있는 것은 우리가 오늘날 살아가고 있는 이 땅에서의 삶입니다) **믿음, 소망, 사랑, 이 세 가지는 항상 있을 것인데 그 중의 제일은 사랑이라**" (고린도전서 13:13)

왜 사랑이 이 세 가지 중에서 가장 위대한 것일까요?

그것은 우리가 예수님의 존전에 서게 될 『그때』 사랑은 우리가 몸에 입고 있는 것이며, 그때에 완전케 되는 것이기 때문입니다. 예수님의 임재 앞에서 소망과 믿음은 현실로 변합니다. 그렇지만 오늘 지금 이 시간, 믿음과 소망은 머물러 있습니다. 그러므로 믿음은 소망이 아니며, 소망도 믿음과 같지 않다는 것을 알게 됩니다.

그 둘은 별개의 것입니다. 그러나 믿음이 존재하기 보다 전에, 우선 소망이 존재하지 않으면 안됩니다.

그렇지만 이 소망이란 어떤 것입니까? 소망이란 무엇입니까? 웹스터 사전에서 소망은 『바라고 있는 것이 일어난다는 감정, 예기(預期) 혹은 기대를 동반하는 바램』이라고 정의되어 있습니다.

말은 생각을 외적으로 표현한 것에 지나지 않지만, 생각은 생활 자세에 나타는 것을 우리는 알고 있습니다.

생활 자세에서 그 사람의 인생 전체적 경향이나 그 사람의 인격의 핵심이 정해지는 것입니다. 그러므로 매우 실제적인 의미에서 말은 당신입니다.

그 결과 우선 알 수 있는 것은 소망은 지적인 것이며, 어느 누구라도 가질 수 있는 것입니다. 그것은 여러분도 가질 수 있습니다. 소망은 반드시 영적인 것은 아닙니다. 그것은 지적인 것입니다. 여러분도 소망을 가질 수 있으며, 나도 소망을 가질 수 있습니다.

만일 실망이라는 것이 존재할 때가 있다고 한다면, 그것은 바로 지금 현재인 것 같습니다. 그러나, 소망은 인간에게 알려져 있는 치료법 중 가장 위대한 것 가운데 하나입니다. 소망만큼 엄청난 결과를 가져오는 치료법을 나는 달리 아는 것이 없습니다. 소망은 어두운 하늘에 별을 아로새깁니다. 소망은 빈 벽에 창문을 닫게 합니다. 소망은 마음이 비탄에 잠겨 있을 때, 얼굴에 미소를 띄울 수 있게 해 줍니다. 소망은 배가 가라앉아 버린 후에도 남아 있습니다. 소망은 로프의 끝자락에 매듭을 달아 사람이 그 로프에 계속 매달려 있을 수 있도록 해 줍니다. 소망은 소망 자체 이외에는 아무것도 남아 있지 않을 때에도 『노』라고 대답하지 않습니다.

자, 사도 바울을 통하여 말씀하셨던 하나님의 말씀을 보도록 합시다.

로마서 8장 24절에 기록된 말씀에서 시작하겠습니다. 바울은 이렇게 말합니다.

"우리가 소망으로 구원을 얻었으매"

그렇습니다! 우리의 마음에 소망이 살아있는 한, 당신은 많은 비극으로부터 건짐받을 수 있으며 아무리 극한 재앙으로부터도 구원받는 것이 가능하며, 패배에서 구원받는 것도 가능합니다. 왜 내가 그렇게 말할 수 있겠습니까? 하나님의 말씀이 **"우리가 소망으로 구원을 얻었으매"** 라고 약속하고 있으며, 하나님의 약속은 실패할 수 없기 때문입니다.

그러나 바울은 거기서 끝내고 있는 것이 아닙니다. 그는 계속해서 이렇게 말합니다.

"보이는 소망이 소망이 아니니 보는 것을 누가 바라리요, 만일 우리가 보지 못하는 것을 바라면 참음으로 기다릴지니라"

마지막 절을 거듭 거듭 반복해서 읽고, 그 말을 당신의 머릿속에 깊이 새겨넣고, 의식하지 않더라도 그것이 당신의 날마다의 생활에서 당연한 것이 되기까지 반복해서 읽고 또 읽으십시오. 그렇습니다. 우리는 소망으로 구원을 얻었습니다.

누구든 이 말을 들어보지 못한 사람은 없을 것입니다.

"생명이 있는 한, 소망은 있다" 이것은 정말 좋은 일입니다. 그러나 나는 더 좋은 말을 알고 있습니다. 단지 거꾸로 해 보십시오.

"소망이 있는 한 생명은 있다"

그리고 당신의 인생에 소망이 있는 한, 거기에는 항상 생명이 있으며 항상 승리가 있습니다. 소망이 죽을 때, 당신도 또한 죽게 됩니다. 소망이 죽을 때, 거기에 남은 것은 아무것도 없습니다. 소망이 죽을 때, 승리는 전혀 있을 수 없게 됩니다. 소망이 죽을 때, 성공은 전혀 있을 수 없습니다. 그러나 당신의 머릿속에 소망이 살아 있는 한, 당신은 살아 있습니다. 당신이 살아 있는 한, 성장할 가능성이 있습니다. 성장은 언제나 살아있는 생명의 결과입니다.

이와 같이, 당신이 이 장대하고도 영광스러우며, 역동적인 소망을 가지게 될 때, 당신의 지성도, 소망도 연마됩니다. 그 결과 당신은 소망에 대해 생각하고, 진실로 소망스런 인생을 살며 소망 가운데 날마다의 삶을 영위하게 됩니다. 아침에 일어나면, 큰 소리로 이렇게 말할 것을 권유합니다. "나는 오늘 소망을 가지고 생활합니다"라고 말입니다.

나는 나의 인생에서 매일 아침 그렇게 하고 있습니다. 나는 눈을 뜨면 곧바로 이렇게 생각합니다. 하나님은 오늘 나의 생활에 어떤 것을 해 주실까? 뭔가 놀라운 일이 일어난다는 기대감이 내 마음에 있습니다. 그리고 자주 그렇게 됩니다! 매일이 영광스런 날이며, 같은 날은 전혀 없습니다.

내일 아침, 당신이 일어날 때, 당신이 그렇게 해 보십시오. 소망을 사용하기 시작하십시오. 실망 대신 소망을 생각하기 시작하십시오. 오늘도 어제와 동일한 비참하고 실망스런 날이라고는 생각하지 말아 주십시오. 그러한 부정적인 태도로 있으면 아마도 그렇게 될 것입니다.

왜냐하면, 당신도 나도 대개 스스로가 찾고 있는 것을 얻게 되기 때문입니다. 나에게는 "싫은" 날은 전혀 없습니다. 나는 진심으로 그렇게 말하고 있습니다. 물론 나는 아직 한 사람의 인간인 이상 여러 가지 일들이 일어납니다. 그러나 나는 나의 인생에서 일어나는 마음을 상하게 하는 일들이나, 실망시키는 일들에 초점을 맞추지는 않습니다. 그런 일들이 일어날 때, 나는 견고하게 소망을 붙들고 그 싫은 것을 타고 넘어가서 산정으로 나옵니다.

"소망"이라는 영광스러운 말에는 기대감이 있습니다. 소망은 역동적인 능력이기 때문입니다. 누군가가 자기 안에 소망을 품을 때, 그 사람은 스스로도 충분히 이해할 수 없는 기대감을 느끼기 시작합니다. 그러면 믿음이 싹을 내고, 그 사람의 지성이 갖추어져서, 그리고는 하나님의 영적인 능력을 받게 됩니다. 더구나 인생의 모든 문제를 적절히 대처하기 위해서 결여되어서는 안되는 지식과 능력도 증가되어 옵니다.

우선 맨 먼저 토대가 있어야 합니다. 우리는 침체되고 의기소침한 마음으로 패배한 채로 가만히 앉아 있어야 하는 것은 아닙니다.

우리는 주 예수 그리스도를 통하여 자기 안에 가지고 있는 것은 다양한 어려움들을 극복하기 위한 능력입니다. 그리고 소망이 이 능력을 풀어놓게 됩니다. 그러므로 소망이라 불리우는 이 놀라운 것으로 당신의 머릿속을 채우십시오.

아무것도 남아 있지 않을 때에도 소망은 "안된다"고 대답하지 않습니다. 당신의 머릿속이 소망으로 가득차 있을 때, 당신은 파괴적인 여러 가지 요소를 떨쳐버리게 될 것입니다. 당신은 점점 더 건강하고 행복해져 갑니다. 당신은 점점 더 효과적으로 일을 처리해 가게 됩니다.

보통의 경우 전혀 미소를 띠지 않을 때에도, 소망은 당신의 얼굴에 미소를 떠오르도록 합니다.

내게 있어 가장 놀라운 말씀이 있습니다. 그것은 시편 42편 11절입니다.

"내 영혼아. 네가 어찌하여 낙심하며 어찌하여 내 속에서 불안해 하는가. 너는 하나님을 바라라. 나는 내 얼굴을

도우시는 내 하나님을 오히려 찬송하리로다"

소망은 어두운 하늘에 별을 아로 새기며 빈벽에 창문을 달 뿐만이 아니라 얼굴에는 미소를 머금게 합니다.

당신의 마음이 소망으로 가득차 있다면, 하나님의 말씀 이외에는 그 소망을 품을 이유가 전혀 없을 때에도 당신은 모든 파괴적인 요소를 떨쳐버리게 될 것입니다. 소망이야말로 내가 알고 있는 한, 정신면에서의 문제에 대한 가장 위대한 무기입니다.

그러므로, 당신에게 문제가 있어도, 지금 당신이 어둠 속에 있을지라도 문제로서 마음을 가득 채워서는 안됩니다. 문제가 분명히 존재하는 것은 인정하십시오. 그것이 있다는 사실을 인정해도 소망으로 즉시 낙담에서 승리하십시오. 당신은 계속해서 소망을 품는 한, 결코 패배하는 일이 없으며, 정신적으로도 나약하게 짜부라드는 일은 결코 없습니다.

우울은 하나의 질병입니다. 우울, 낙담, 허무함 등으로 괴로워하는 사람은 많이 있습니다. 당신이 낙담으로 괴로움 받고 있다면, 나의 비타민제를 먹으십시오. 나는 의학면에서 의사는 결코 아니지만, 거리 모퉁이 약국에서는 구입할 수 없는 매우 효과 있는 비타민제와 강장제를 가지고 있습니다. 내가 처방하는 약은 의사나 간호사가 조제하는 것은 아닙니다. 그러나 우울증에 대해서는 확실히 효과가 있다는 것을 나는 보증합니다. 나는 낙담에 대한 가장 좋은 치료법을 가지고 있습니다.

그것은 바로 이것입니다!

"나는 내 얼굴을 도우시는 내 하나님을 오히려 찬송하리로다"

낙담해서 뒤를 향해서는 안되고, 희망을 가지고 앞을 향하십시오. 그러면, 몸이 활기를 띄게 되는 것을 알게 될 것입니다.

머리도 맑아져 옵니다. 심령도 건강해 집니다. 당신은 확실하고 견고한 닻을 가지게 됩니다. 나는 사람들에게 소망을 두지 않습니다. 완전히 견고하신 분은 오직 한 분이 계십니다. 확실한 닻이신 분은 오직 한 분이 계십니다. 그분은 나의 하나님입니다. 그분이야말로 이 세대의 사람들이 이 세상의 그 무엇보다도 필요로 하는 분입니다. 나는 그분이 필요합니다. 당신에게도 그분은 필요합니다. 사람은 모두 그분을 필요로 합니다.

히브리서 6장 19절에 이런 하나님의 약속이 있습니다.

"우리가 이 소망이 있는 것은 영혼의 닻 같아서 튼튼하고 견고하여"

우리는 이러한 소망을 어떻게 실현시킬까요?

우리가 소망을 가지고 앞을 보기 위해서는 어떻게 해야 합니까? 매우 간단합니다. 소망은 지적인 것이기 때문에 소망을 생각하기 시작하면 됩니다. 마음 속에 걱정이나 두려움이 가득차 있다면 걱정거리와 두려움 거리가 생겨나게 됩니다. 당신은 스스로 생각하는 그대로의 사람이 되기 마련입니다. 두려움은 우리가 두려워하는 것을 생겨나게 합니다. 질병에 걸리는 것은 아닐까 하고 두려워하고만 있으면 우리가 그 질병에 직면하게 되는 경우가 자주 있습니다. 왜냐하면 그 질병이 좋아하는 상태를 우리가 만들어내기 때문입니다. 실패하는 것은 아닐까 하고 두려워 하고만 있다면 틀림없이 실패하게 됩니다. 왜냐하면 실패하는 환경을 우리가 스스로 만들어내기 때문입니다.

당신의 마음이 두려움으로 지배받지 않도록 하십시오. 오히려 소망을 행동으로 옮기기 시작하십시오. 그리고 소망을 가지고 앞을 바라보기 위한 진정한 비결은 전능하신 하나님의 능력을 신뢰하는 것임을 깨달으십시오. 그것이야말로 결코 패배하지 않을 것을 보증해 주는 확실한 방법입니다.

제 7 장
삶의 진정한 의미

언젠가 한 화가가 자기가 그리는 자연화(nature paintings)에 대해서 이렇게 말했습니다. "먼저 하늘이 잘 묘사되면 나머지도 잘 그려지게 됩니다"

그가 했던 말에서 나는 많은 것을 배웠습니다. 어떤 내용인지 말해드리겠습니다.

"우리의 하늘이 잘 되지 않는다"면 우리의 땅도 곧 잘 되지 않게 된다는 것을 나는 지금까지 배워 왔습니다.

제가 말씀드리려는 것은 간단히 말해서 이렇습니다. 만일 우리가 하나님을 견고하게 붙잡을 수 있으면, 혹은 하나님께서 우리를 붙들어 주시는 것을 우리가 허락해 드리면 "우리의 하늘"은 그것으로 좋으며, 다른 어떤 것도 원활하게 되며, 모든 것이 의미를 가지게 된다는 것입니다.

만일 우리의 생활 가운데 하나님이 존재하지 않는다면, 만일 하늘 아버지가 계시지 않고 분명한 인격자가 없고, 우리의 토대이며 중심이신 주께서 계시지 않는다면, 건물의 진정한 골조도 없이 우리의 작은 배를 항해할 키잡이에 필요한 별도 없게 됩니다.

그 결과 우리의 배가 침몰해 버릴 것 같이 될 때, 우리를 지탱해 주는 영원하신 팔에 대해서, 아무것도 알지 못하게 됩니다.

이렇게 해서 우리는 파도에 흔들리는 대로 움직이는 의미없는 존재가 됩니다. 바꾸어 말하면, 만일 우리가 자기의 인생에서 하나님을 받아들이지 않는다면, 우리가 사는 진정한 의미를 잃어버리게 됩니다.

중요한 사실을 알기 원하십니까? 지금 이 시대, 사람들을 아무것도 생각하지 않는 유아들처럼 물질이 풍부하고 안락하면, 그것으로 충분하고 만족스럽다고 믿고 있습니다.

뉴욕에서 매우 번영했던 부부가 자기들이 성장했던 미주리 주의 작은 마을로 돌아왔습니다. 그들이 방문했던 그 짧은 기간에 남편이 아내에게 이렇게 말했습니다. "여기가 나의 출신지라오" 그러자 생각지도 않던 답이 아내로부터 돌아왔습니다. "그래요, 도대체 어디에서 우리는 우리가 가진 소유물에 삼켜져 버렸던 것일까요!"

그녀는 자기들이 물질적으로는 유복해져 있으면서도 허무함을 느끼고 있었던 것입니다.

제가 매우 흥미롭게 생각했던 것을 말씀드리겠습니

다. 1923년 세계에서 가장 성공한 재벌들이 시카고 에지워터 비치 호텔에서 만남을 가졌습니다. 그곳에 참석한 저명인사들은 최대의 철강회사의 회장, 최대의 공익 사업회사의 회장, 최대의 곡물 투자가, 뉴욕 주식 거래소의 회장, 정부 각료, 월가의 큰 손들, 국제 결재 은행의 최고 경영자, 세계 최대의 전매회사 회장 등이었습니다. 전체적으로 이러한 거물들이 콘트롤하고 있던 부는 미국 전체의 부보다도 많고 신문과 잡지는 몇 년간에 걸쳐서 그들의 성공 이야기를 게재하고, 미국의 젊은이들에게 그들의 뒤를 따르라고 독려하고 있었습니다.

25년 후, 이 사람들이 어떻게 되었는지 살펴봅시다. 최대의 철강회사 사장은 그의 최후의 5년간의 삶을 빚을 내서 생활을 영위하고 무일푼으로 죽었습니다. 최대의 곡물 투자가는 외국에서 파산하여 죽었습니다.

뉴욕 주식 거래소 회장은 싱싱(Sing sing) 형무소에서 출소했습니다. 정부의 각료였던 사람은 집에서 죽음을 맞이하기 위해 형무소에서 석방되었습니다. 월가의 큰 손이었던 사람은 자살을 했습니다. 국제 결재 은행의 회장도 자살했습니다. 세계 최대의 전매회사 사장도 자살했습니다. 이 사람들은 모두 돈을 벌기 위한 방법은 배웠지만, 인생을 어떻게 살아야 하는지는 그들 중 아무도 배우지 아니하였습니다.

함께 생각해 보십시다. 사람은 재산을 초월한 것, 인생의 궁극적인 의미와 목표를 부여해 주는 것을 믿고, 그것에 충성을 다해야 합니다. 그것이 없으면, 인간은 멸망해가는 존재이며, 살아있을지라도 진정한 의미는 없습니다.

인간의 존재중심과 근저에 확실한 인격을 가지고 계시는 분이 없으면, 인생의 참된 의미는 없습니다.

나는 지금까지 이 시대의 사람들에게 일어나는 어떤 것을 보아 왔습니다. 그것은 아브라함, 이삭, 야곱시대의 사람들에게 잘 일어났던 것과는 다른 것입니다.

야곱이었다면 이렇게 말할 수 있었을 것입니다. "내 조부의 하나님 아브라함의 하나님, 또 이삭의 경외하던 하나님이시여"라고 말입니다.

하나님은 아브라함에게 전능하신 하나님이었습니다. 아브라함은 하나님과 함께 나갔습니다. 하나님은 그의 친구이셨습니다. 하나님은 아브라함과 친근히 하시고, 가까이 계시며, 현실적인 분이셨습니다.

그렇지만 그 다음 세대에서 하나님은 이삭에게 『경외하는(owe)』 존재가 되고, 간접적으로 아는 분이었습니다. 그래도 이삭은 자기 아버지의 하나님으로서 경외심을 가지고 있었습니다.

세 번째 세대에서는 이와 같이 점차로 하나님의 현실적이고 실제성이 희미해져 온 결과가 야곱의 쇠퇴한 도덕면에서 보여집니다. 도덕적 부패가 나타났습니다. 야곱은 형의 장자권을 도적질하고, 하나님과는 관계없이 자기의 장래 지위를 차지하려고 하였습니다.

제가 하는 말을 잘 들어 주십시오. 그것과 같은 일이 오늘날에도 일어나왔으며, 지금도 우리에게 일어나고 있습니다. 우리의 조부들은 위대한 초기 리바이벌의 시기에 하나님과 직접 교통하는 경험을 가지고 있었습니다. 그 다음 세대는 하나님과 개인적인 만남은 없고, 자기들의 조부를 위해 교회에 매여 있었습니다. 그러나 하나님은 "경외하는 분(the owe)"에 지나지 않고 희미해져 가는 믿음의 꺼져가는 빛(after glow)에 불과했습니다.

세 번째 세대는 희미해져가는 믿음의 결과를 거두어 들여서, 도덕은 쇠퇴하고 문명도 쇠퇴하고 있었습니다.

우리 시대의 사람들이 하나님을 잃어버리고 있는 것은 명백하고 쇠퇴한 도덕과 쇠퇴한 문명을 그 수확으로서 거두어 들이고 있습니다. 우리가 도덕적으로 산산히 조각나는 것은 하나님에 대한 믿음에서 우리가 이미 산산이 조각나 버렸기 때문입니다. 그 나라의 영적인 힘 이상으로 강하게 되는 나라는 없다는 것은 증명된 사실입니다.

오늘날 미국의 강함은 영적인 사람들의 강함 이상의 것은 결코 아니며 하나님을 잃어버린 사람들은 이렇게 하여 도덕적인 면에서 힘의 토대를 잃어버린 것입니다.

　야곱은 한밤중의 씨름(창세기 32:24~32)에서 하나님과 만났습니다. 그리고 그는 새 사람이 되었습니다. 만일 우리가 야곱처럼 하나님을 발견하여 도덕적인 면에서 새로워지지 않으면 우리는 패배하고 장래의 희망은 전혀 없습니다. 인간을 자신을 초월한 존재를 믿고, 거기에 충성을 다하고 신뢰해야 하는 것입니다.

　그리스도인인 우리는 물론 그 "뭔가"를 믿고 있습니다. 즉, 하나님입니다. 우리는 우선 개인적으로 그리고 국가로서 하나님께로 돌아서지 않으면 안됩니다. 왜냐하면 하나님께서 떠나가실 때, 우리의 도덕적인 기반도 떠나가 버리기 때문입니다. 이 세계의 장래는 오늘날 그리스도인들의 손에 달려 있으며 우리는 개인적으로 하나님을 친밀하게 알도록 하지 않으면 안됩니다.

　그것은 마치 다윗이 하나님을 알고 "주는 나의 목자시다"고 말했던 것과 동일한 의미에서입니다.

　그렇습니다. 하나님은 나의 하나님입니다. 하나님은 실제적인 분이며, 인격적인 분입니다. 그분은 확실히 인격이었습니다. 내가 신뢰하고 있는 분이시며, 내가 확신을 가지고 있는 분입니다.

　다윗이 시편 23편을 기록했을 때, 하나님이 다윗에게 실제적이고 현실적인 분이셨던 것과 완전히 동일하게 하나님은 나에게도 현실적이고 실제적인 분이십니다.

"여호와는 나의 목자시니 내가 부족함이 없으리로다 그가 나를 푸른 풀밭에 누이시며 쉴 만한 물 가로 인도하시는도다 내 영혼을 소생시키시고 자기 이름을 위하여 의의 길로 인도하시는도다 내가 사망의 음침한 골짜기로 다닐지라도 해를 두려워하지 않을 것은 주께서 나와 함께 하심이라 주의 지팡이와 막대기가 나를 안위하시나이다 주께서 내 원수의 목전에서 내게 상을 차려 주시고 기름을 내 머리에 부으셨으니 내 잔이 넘치나이다 내 평생에 선하심과 인자하심이 반드시 나를 따르리니 내가 여호와의 집에 영원히 살리로다" (시편 23:1~6)

당신도 나도 우리 모두가 이것과 동일하게 개인적으로 하나님을 알아야 할 필요가 있습니다!

문제가 있을 때 당신은 어떻게 합니까? 가정에서 문제나 다툼이 발생할 때 당신은 누구에게 눈을 향합니까? 아버지가 집을 나가버리고, 남아있는 어린 자녀들을 당신 혼자서 양육하지 않으면 안될 형편에 있을지도 모르겠습니다.

자신의 하늘에는 별이 하나도 빛나지 않는다고 당신이 느끼게 될 때, 당신은 어떻게 합니까?

캄캄한 한밤중, 밤이 결코 지나갈 것처럼 생각되지 않을 것입니다. 손에 뜨거운 땀이 느껴질 때, 당신은 그 싸움들을 혼자서 하려고 하지만, 아무리해도 승리를 기대하지는 않고 패배해가고 있다고 느낄지도 모르겠습니다. 가장 큰 싸움은 전장에서의 싸움이 아닙니다. 가장 큰 싸움은 인간의 마음 속에서 일어나는 싸움입니다! 저의 말을 믿어 주십시오. 나는 알고 있습니다!

당신의 귀중한 예쁜 갓난아기가 뜨거운 열을 내면서 침대에 잠들어 있을 때, 당신은 그 곁에서 무엇을 합니까? 의사가 "더 이상 손 쓸 수 없습니다"라고 말할 때, 당신은 패배하여 그곳에 서 있습니다. 그 의사는 "기도하십시오"라고까지 말해주는 사람일지도 모릅니다만, 당신은 어떻게 기도해야 좋을지 알지 못합니다.

당신은 지금까지 한 번도 기도해 본 적이 없습니다. 기도를 들으시고 응답해주시는 분을 당신은 알지 못합니다. 그 아이에게 죽음이 임하려고 하는 장소에 당신이 서게 될 때, 당신은 무엇을 하시겠습니까?

희망은 전혀 없습니다. 당신에게는 희망이 전혀 없습니다. "나는 부활이요 생명이다"라고 말씀하신 분과 당신은 지금까지 알고 지낸 적이 없습니다. 그 분은 당신에게 낯선 분이십니다.

그렇지만 사랑하는 여러분, 여러분은 그분을 분명한 인격자로서 알 수 있습니다. 그분 안에 소망이 있으며, 그분 안에 생명이 있습니다.

그분이야말로 당신 인생의 어떠한 문제에 대해서도

그 열쇠를 가지고 계시는 분입니다. 그분 안에는 패배가 전혀 없습니다. 그분은 강력한 정복자이시며, 당신에게 능력을 주시는 놀라우신 분입니다. 그분이야말로 참으로 살아계신 하나님의 아들 예수 그리스도입니다. 내가 말하는 하나님이란 예수님의 아버지입니다.

지금 그리스도를 영접하십시오. 그러면 이 우주의 강력하신 하나님이 당신의 하늘 아버지가 되어 주십니다. 그리스도 없이는 인생은 무의미합니다. 그리스도와 함께라면 죄사함, 평안, 기쁨 그리고 영원한 생명이 있습니다.

하나님 아버지, 당신을 기다리며 갈급해하는 사람들의 마음에 당신을 친히 나타내주시옵소서. 예수님 이름으로 구하옵니다. 아멘.

제 8 장
삶의 법칙

"비판을 받지 아니하려거든 비판하지 말라. 너희가 비판하는 그 비판으로 너희가 비판을 받을 것이요 너희가 헤아리는 그 헤아림으로 너희가 헤아림을 받을 것이니라. 어찌하여 형제의 눈 속에 있는 티는 보고 네 눈 속에 있는 들보는 깨닫지 못하느냐. 보라 네 눈 속에 들보가 있는데 어찌하여 형제에게 말하기를 나로 네 눈 속에 있는 티를 빼게 하라 하겠느냐. 외식하는 자여 먼저 네 눈 속에서 들보를 빼어라. 그 후에야 밝히 보고 형제의 눈 속에서 티를 빼리라" (마태복음 7:1~5)

이 말씀은 산상수훈의 일부입니다. 단지 다섯 절로 일백 단어 정도로 구성되어 있습니다. 그렇지만 이 말씀을 단순히 받아들인다면 이것은 인류에게 제공된 가장 놀라운 기록이라고 해도 과언은 아닙니다.

내가 왜 그렇게 말했을까요? 왜냐하면 이 다섯 절 안

에서 인간의 본성, 인생의 의미, 행복과 성공에 대한 많은 비결들, 문제에서 벗어나는 방법들과 하나님께 가까이 나아가는 방법에 대한 많은 것들, 그리고 혼의 해방과 이 세상의 구원을 명백히 제시하는 많은 것들이 모든 철학자와 신학자들을 모두 합친 것 이상으로 서술되어 있기 때문입니다.

그것은 위대한 법칙, 즉 위대한 인생의 법칙을 설명하고 있습니다. 늙은이도 젊은이도, 이 다섯 절의 의미를 배우는 것은 학교나 대학에서 배우는 어떤 것보다도 훨씬 더 중요합니다.

내가 말하고 있는 매우 중요하기 때문에 나는 다시 한 번 말씀드립니다. 성인들도 청년들도, 하나님의 말씀 가운데 이 다섯 절에 있는 것들의 의미를 배우는 것은 어느 학교나 대학에서 배우는 것보다도 절대적으로 중요합니다. 어느 학교의 학습과정에도 어느 도서관이나 연구소에서 배우는 것 중에도 여기에 포함되어 있는 정보의 100만 분의 일 정도의 중요성조차도 가지지 못합니다.

다시 한 번 읽어 주십시오.

"비판을 받지 아니하려거든 비판하지 말라. 너희가 비판하는 그 비판으로 너희가 비판받을 것이요 너희가 헤아리는 그 헤아림으로 너희가 헤아림을 받을 것이니라"

만일 평범한 사람이 단지 일 분만에 이 말의 진정한 의미를 이해하고, 그것을 정말임을 믿는다면 그 사람의 전 인생은 머리끝에서부터 발끝까지 순식간에 혁명이 일어나서 일상생활을 크게 변해버리고 그 사람의 인격도 크게 변화해서 짧은 시간으로 친구들조차 잘 분간할 수 없을 정도가 될 것입니다.

 산상설교의 이 부분을 다시 읽어보면 이러한 도전을 주는 말은 이때까지 많은 그리스도인들이 실행해오지 않았다는 사실은 분명히 알게 됩니다. 이 말씀을 실행해야 할 사람들이 알고 있다고 한다면 그것은 진실로 자기는 그리스도인임을 공언하는 사람들 일 것입니다.

 그런데 대부분 하나님의 자녀들의 생활에 그러한 행함의 열매가 거의 보이지 않습니다. 하나님의 이 말씀은 왜인지 지금까지 무시되어 온 것처럼 생각됩니다. 그러나 그것은 그리스도인 생활의 기반으로 되어 있는 원칙 자체입니다. 우리가 믿음으로 하나님 앞에 의로운 자로서 있다는 사실을 나는 언제나 믿어왔으며, 지금도 여전히 그렇게 주장합니다. 그렇지만 우리는 우리의 생활에 의해 우리 주변 사람들 앞에서도 의로운 자로서 서 있는 것입니다!

 교회에서 산상수훈의 말씀을 자주 들을 수 있고, 그리스도인들도 그것을 개인적으로 읽고 있다는 사실을 모르는 사람은, 그러한 것이 가능하다고 믿을 수 없을 것입니다. 왜냐하면 이러한 진리를 배워도 사람들의 일상생활과 행함에까지 깊이 미치리라고 생각되지 않기 때문입니다.

그럼에도 불구하고 예수님이 말씀하셨던 이러한 말씀은 어느 누구도 예외가 될 수 없는 인생의 법칙을 알기 쉽게 표현하고 있습니다.

이 인생의 법칙에 의해 명백해져 있는 것은 우리가 사람들에 대해 생각하고 말하고 행동하는 대로 사람들도 우리들에 대해 생각하고 말하고 행동한다는 사실입니다. 우리가 어떻게 행동하더라도 그것이 반드시 자신에게 튀어서 되돌아 오는 것입니다. 우리가 사람들에게 선을 행하면 우리도 어쨌든 선한 것을 받게 됩니다. 마찬가지로 우리가 사람들에게 악을 행하면 어쨌든 우리도 악을 받게 되는 것입니다.

그러나 그것은 당신이 선한 일을 하거나, 불친절을 행하는 그 동일한 상대방으로부터 그 행한 것에 대해 되돌려 받는다는 의미는 아닙니다. 그것은 먼저 일어나지 않을 것입니다. 언젠가 다른 때, 다른 장소에서, 아마도 훨씬 후에, 당신이 이전에 행했던 행위에 대해서는 아무것도 알지 못하는 다른 사람이 당신이 뿌렸던 것과 동일한 보상이나 보응을 당신에게 되돌려 주게 됩니다. 그것은 언제나 되돌아 오는 것입니다. 무언가 친절한 행위를 한 사람으로 그 친절이 돌아오지 않는 사람은 결단코 한 사람도 있을 수 없습니다. 그것은 다음 날이나, 그 다음 다음 날에 돌아올지도 모릅니다. 그러나, 당신이 누군가에게 뭔가의 친절을 행할 때, 인생의 법칙이라는 하나님의 법칙에 의해 당신의 친절이 당신에게 되돌아 오는 것이 보장되어 있습니다.

당신이 누군가 이웃 사람에게 도움을 준다면, 그 도움은 언젠가 당신에게 돌아옵니다. 당신이 준다면 그것은 당신에게 결국 주어지게 됩니다. 그것이 바로 인생의 법칙입니다!

그것과 마찬가지로 당신이 어떤 불친절한 행위를 하거나 누군가에 악한 말을 하거나, 소문을 퍼뜨리거나 할 때, 당신은 반드시 뭔가 불친절한 말을 듣게 되고, 당신의 소문을 듣게 됩니다. 당신이 사람을 속일 때, 언젠가 자신이 속임당하게 됩니다. 당신이 거짓말을 할때, 언젠가 당신 자신이 거짓말을 듣게 됩니다. 당신이 해야 할 일을 태만히 하고, 책임을 완수하지 않거나, 사람들에 대해서 권위를 남용할 때마다 언젠가 자기 자신도 동일한 해를 입음으로 보상하게 됩니다.

그것이 인생의 법칙입니다!

자, 이 법칙이 확실히 진실임을 알았다면, 사람들의 삶에 커다란 영향을 미칠 것이 명백하지 않습니까? 그러한 것을 이해하고 실행하면 범죄는 줄어들고, 사회의 도덕 수준은 올라가고 국회에서 제정되는 어떤 법률보다도 뛰어난 법이 되지 않겠습니까? 혹은 재판관이나 행정기관이 수행하는 어떤 형벌보다도 뛰어난 효력을 가지게 되지 않겠습니까?

사람들이 악의 유혹에 패배할 때, 아마도 자신은 어떻게 그 나라의 법을 벗어날 것이라든가, 경찰에는 붙잡히지 않은 것이라든가, 자신은 잘 빠져나갈 것이라고 생각해 버릴 것입니다. 불행하게도, 그리고 어쩌면 경험부족 때문에 오늘날의 젊은이들은 그렇게 생각하기 쉽습니다. 그들은 다른 사람들은 붙잡혀도 자신만은 "잘 할 수 있다"고 믿고 있습니다. 자기에게는 빠져 나갈 방법이 있다고 확신하고 있으며, 나라의 법이든 하나님의 법이든 깨뜨릴 수 있다고 확신하고 있습니다. 그리고 어떻게든 자신은 벗어날 거라고 생각하고 있습니다. 그들은 자기가 상처주었던 상대방은 자기를 용서해 줄 것이다,

그렇게 하지 않을지라도 자기가 한 행동에 대해 보복할 만큼 힘은 없을 것이다 라는 희망에 기대고 있습니다. 혹은 자신이 한 일은 시간이 지나면 망각속으로 사라질 것이다라든가, 그보다 더 낫다고 해도, 자신의 위반(transgression)은 절대 발각되지 않을 것이라는 희망을 가지고 있습니다.

속임 당해서는 안됩니다. 인생의 법칙으로부터도, 하

나님의 법칙으로부터도 결코 벗어날 수는 없습니다!

그러나, 댓가를 받게 된다는 법칙(the law of retribution)은 전 우주의 보편적인 법칙이며, 어느 누구에게도 해당되는 법칙이며, 중력의 법칙처럼 불변의 법칙이며, 사람을 편견하거나, 편애하는 것도 없다는 사실을 사람들이 이해한다면 대부분의 사람은, 다른 사람들에게 공정하지 않게 대우하지 않고, 이 인생의 법칙을 깨뜨리지 않으려고 생각할 것입니다.

중력의 법칙이 쉬는 경우는 결코 없으며, 그것이 작동하지 않는 경우도 결코 없습니다. 또한 피곤해서 중력의 법칙이 역사하지 못하게 되는 경우도 결코 없습니다. 또한 그때 그때 그 법칙을 억압하거나, 강하게 하는 경우도 없습니다. 아무리 머리가 좋은 사람이라도, 중력의 법칙으로부터 벗어나려고 한다던가, 그것을 피하기 위해 어루고 달래거나, 교활한 방법으로 피하려 하는 것 따위는 꿈도 꿀 수 없을 것입니다.

온 세상 사람들은 피할 수 없으며 벗어날 수 없는 것으로서 받아들입니다. 그러므로 사람들은 그것에 알맞게 대응하여 그들의 행동을 조절합니다.

자신이 행한 것에 대한 보응, 또는 보상을 받게 된다는 법칙(the law of retribution)은 이 중력의 법칙이야말로 확실한 것입니다.

요동치는 수위가 늦든 이르든 안정을 찾아가듯이 우리가 사람들에 대해 행하는 것도 언젠가는 자기에게 되돌아 오게 됩니다.

여기서 잠시 중단하고 이 인생법칙의 다른 면을 생각해봅시다.

우리는 선을 행하거나 친절한 말을 하거나 하면 언젠가 같은 것이 돌아온다는 것을 알고 있습니다. 그렇지만 사람들은 자신이 잘 대해 주었던 상대방이 은혜를 모른다고 말하면서 불평하는 경우가 자주 있습니다.

사람들이 그렇게 말하는 것도 지당한 경우가 매우 자주 있습니다. 제가 하는 말을 주의깊게 들어 주십시오.

누군가가 당신의 친절에 대해 은혜를 모른다는 것으로 인해 자신이 상처받았다고 당신이 느낀다면, 당신은 감사를 받거나 칭찬받을 것을 구해 왔다는 것이 됩니다. 당신은 지금까지 자신이 누군가로부터 고맙게 여겨지는 것을 계속 추구해 온 것입니다. 이것은 엄청난 실수입니다. 다른 사람을 돕는 것은 우리의 사랑의 진정한 순수함의 표현이기 때문입니다.

나는 내 자신의 경험으로부터 인간의 성품에는 신뢰할 수 없게 되는 경우가 있다는 사실을 알았습니다. 인간의 성품은 매우 불안정하고 변덕스럽기 때문입니다.

친절과 은혜를 몇 번씩이나 받아왔음에도, 실제로 은혜를 모르는 사람들을 나는 알고 있습니다. 그렇지만 내가 하지 않으면 안되는 사랑의 행위가 있고, 내가 옳다는 것을 알고 있습니다.

상대방이 나의 친절과 은혜를 받아들이기에 합당한지 아닌지는 내가 행동할 때의 진정한 동기는 아닙니다.

나는 사람을 돕거나 뭔가 친절을 베푸는 것으로 내 안에서 커다란 기쁨을 받기 때문에, 내가 그런 일을 할 때조차 내 자신의 내부에서 보상을 받고 있는 것입니다.

그렇지만 그것보다도 중요한 것은 나는 예수님께 속한 자라는 사실을 언제나 기억하고 있는 것입니다. 나는 예수님 대신 여기 존재하고 있습니다. 내 앞에 오는 누군가에게 나만이 그가 유일하게 알 수 있는 그리스도, 그가 유일하게 알 수 있는 예수님일 것입니다. 나에게 사는 것은 그리스도입니다. 나는 그리스도인이기 때문에 그리스도가 내 안에서 자신의 삶을 사시고 계십니다.

그리스도는 사랑입니다. 그러므로 나는 행함과 친절함으로 그리스도의 사랑을 나타내고 있습니다.

상대방이 이러한 친절과 사랑에 어떻게 대응하는가는 그 사람 자신의 책임이고 내 책임은 아닙니다. 나는 스스로 옳다고 알고 있는 것, 그리스도라면 이렇게 하실 것이라고 확신하는 것을 행할 책임이 있고 나는 이때까지 나의 그 책임을 수행해 왔습니다.

내 책임은 거기서 끝나게 됩니다.

그것에 대해 상대방이 어떻게 하는가는 그 사람의 책임입니다. 내가 여러분에게 도전을 드리는 것은 다음의 것입니다. 당신은 선행을 하고 단지 그것을 계속 하십시오! 자신이 사람들로부터 인정받는 것을 결코 기대하거나 원해서는 안됩니다. 선을 행한 다음, 그 뒤에는 그것을 잊어버리십시오. 당신이 뭔가 친절한 행위를 할 때, 고맙게 여겨질 것을 기대해서는 안됩니다. 감사 받길 기대해서는 안됩니다. 어떤 보상도 기대해서는 안됩니다. 당신이 사랑하는 이유로 그것을 행하십시오. 당신이 그렇게 하는 것이 옳다는 사실을 알기 때문에 그것을 행하십시오. 그것이 당신 마음 속에 있기 때문에 그것을 행하십시오. 그리고 당신이 그것을 행했다면 그후엔 그것을 잊어버리십시오.

그러나 당신께 약속드립니다. 확실히 하나님께서 보좌에 앉아 계시듯이, 확실히 중력의 법칙이 존재하고 있듯이, 확실히 인생의 법칙이 존재하고 있듯이 마찬가지로 확실히 그 친절과 행위가 당신에게 돌아올 날이 있습니다!

당신이 당신의 삶에서 기도해 왔던 모든 기도도, 비옥한 토양에 뿌려졌던 당신의 선행과 친절한 말도, 어느 누구도 그것들을 당신에게서 빼앗아가는 것은 결단코 불가능합니다. 그것은 얼마나 놀랍고 격려되는 것입니까?

사람들에 대한 우리의 기도, 우리의 말, 우리의 친절한 행위… 바로 그러한 것들이야말로 유일하게 우리가 확실히 가지고 있는 것입니다. 그 외의 것은 모든 것이 사라져 갑니다. 그러나 우리의 선행은 시간이 흘러도 변하지 않고, 희미해지는 일이 없으며, 영원까지 계속되는 것입니다.

제 9 장
다섯가지 면류관

1. 생명의 면류관

사랑하는 여러분, 인간은 누구라도 내일이 어떻게 될지 알지 못하며 자기가 어떻게 될지도 알지 못합니다. 그렇지만 우리가 믿음을 가지고 계속 걸으며 하나님의 약속을 의지할 때, 하나님은 그 길을 평탄케 해주시고 한 걸음 한 걸음 우리를 인도해 주십니다.

그러므로 우리는 완벽한 지식과 완벽한 지혜이신 분, 실수를 범하실 수 없으신 분을 견고하게 신뢰합시다. 당신이 염려하고 있다면 나는 당신을 위해 하늘 아버지께 기도 드립니다. 지상의 어떤 힘과 능력도 초월하는 확신, 마음의 평안과 안전을 당신께 주시도록, 그분이 당신의 눈물을 닦아주시고 슬픔 가운데 당신의 외침과 기도를 들어주시도록, 그분이 당신으로 하여금 이해할 수 있는 안목을 열어주시고 하나님 말씀의 깊은 진리를 알려주시도록 예수님께 기도드립니다.

여러분도 아시다시피 이 지상에서의 걸음은 생명의 책의 단지 일장에 지나지 않습니다. 진실로 그렇습니다! 이 낡은 심장의 고동이 멈출 때, 최후의 마지막 호흡을 거둘 때, 우리가 죽었음이 선고될 때, 실제 그것은 내세(life in the hereafter)의 삶이 막 시작되는 것입니다. 죽음으로 끝나는 것이 아닙니다. 실로 많은 사람들은 지금 현재만을 위해서 살고 있습니다. 그러나 그리스도인인 여러분과 저는 내일이 없는 내일(tomorrow without tomorrow)을 위해서 살고 있습니다.

우리는 이 지상에서의 마지막 날, 저편에 있는 날을 위해서 지금 살고 있습니다.

매우 자주 토론되는 것이 있습니다. 그것은 사람이 죽기 직전에 하는 회개는 그다지 믿을 수 없다는 생각입니다. 예수님이 십자가 위에서 회개했던 강도를 향해, 그 강도가 죽기 직전에 영원한 생명을 그에게 약속하신 것은 불공정하다고 하는 의견을 피력하는 사람조차 있습니다. 이 강도는 자신의 생애에서 하나님을 섬긴 날이 단 하루도 없었습니다. 그렇지만 그가 십자가 위에서 그가 자기의 죄를 회개하고 예수 그리스도가 살아계신 하나님의 아들이심을 인정했을 때, 예수님은 이렇게 말씀하셨습니다.

✝

"오늘 네가 나와 함께 낙원에 있으리라"(누가복음 23:43)

그렇습니다. 사람이 죽기 직전에 회개하는 것을 가볍게 여기는 사람들이 많이 있습니다. 그러나 남자든 여자든, 자신의 죄를 고백할 때는 언제라도, 그 사람이 죽기 50년 전이든, 생명이 육체에서 떠나지 5초 전이든, 예수 그리스도는 그러한 죄를 용서해 주시고 그 사람은 주님께 받아들여져서 그리스도인이 되는 것을 나는 믿어야만 합니다.

왜 나는 그렇게 믿고 있을까요? 성경이 가르치고 있기 때문입니다.

"만일 우리가 우리 죄를 자백하면 그는 미쁘시고 의로우사 우리 죄를 사하시며 우리를 모든 불의에서 깨끗하게 하실 것이요"(요한일서 1:9)

그러므로 사람이 자신은 죄인이라고 인정하고 자기의 죄를 고백하고 자신의 죄를 용서해 주시는 예수 그리스도를 영접할 때는 언제라도 주님은 반드시 자신의 약속을 지키시고, 그 사람을 자신의 것으로서 받아들여 주십니다. 그 사람이 죽기 50년 전이든 일년 전이든 혹은 단 5초 전이든 나는 사람이 죽기 전에 회개하는 것도 효력이 있다고 믿지만 그것을 권유하지는 않습니다. 인간이

해야 할 가장 중요한 결단을 늦추는 것은 위험한 일입니다. 너무나도 위험하여 안심할 수 없습니다.

누군가가 자기의 죄를 회개하는 것을 죽기 직전까지 기다린다면 어떻게 될 것인지 생각해 보십시오. 우선 맨 먼저 그는 이 지상에서 놀라운 삶, 그리스도인으로서 사는 삶을 놓쳐버린 것이 됩니다. 즉, 전능하신 하나님이 자기에게 하늘 아버지이심을 아는 인생이며, 하나님의 손길 안에 보호받는 인생, 하나님의 규율(standards)에 따라 사는 인생입니다.

그는 복된 기쁨, 마음과 심령의 평안을 아는 감동과 전율을 놓쳐버린 것이 됩니다. 그는 하나님의 능력으로 유지되는 놀라운 삶을 놓쳐버린 것이 됩니다. 그렇지만 그 이상으로 그 사람은 내세(hereafter)에서 아무런 보상도 받을 것이 없고 자신이 속임 당했다는 것으로 됩니다.

성경은 이렇게 말합니다. **"불 가운데서 받은 것 같으리라"**(고린도전서 3:15) 혹은 옛날에 미주리 주에서 사용되던 표현방식으로 하면 『자신의 치아 껍질로(겨우 종이 한 장 차이로) 구원 받은』 것이 됩니다. 그래서는 나는 조금도 안심할 수 없습니다.

사랑하는 여러분, 나는 손에 아무것도 가지지 않고 주

님 앞에 서서 자신은 주님을 섬긴 것을 아무것도 가져오지 않았다는 사실을 아는 것은 바라는 바가 아닙니다. 나는 그렇게 되고 싶지 않습니다. 만일 그렇게 되면 나는 매우 부끄럽게 되고 매우 후회하게 될 것입니다.

그렇지만 한편으로 오랫동안 주님을 위해서 살고, 자기가 섬겼던 날들을 기쁨과 만족으로 뒤돌아 볼 수 있는 사람을 생각해 보십시오.

날마다 주님을 위해 가치있는 일을 했던 귀한 한 어머니가 있습니다. 주님을 섬기는 사역에서 오랜 세월을 보낸 주님의 종이 있습니다. 주님을 섬기는 일에 자신의 생애를 완전히 헌신한 선교사가 선교의 현장에 있습니다. 그들은 천국을 자기들의 영원한 거처로 할 뿐만 아니라 이 지상에서 육신의 몸에 있을 때 행했던 한 가지 한 가지의 것들에 대해 보상을 받게 될 것입니다.

신약성경은 주님을 섬기는 삶을 보낸 사람들을 위한 다섯가지 면류관에 대해서 말하고 있습니다. 그리고 보상의 면류관으로서 우선 맨 먼저 생명의 면류관에 대해서 살펴보기로 하겠습니다. 이것은 야고보서 1장 12절에 약속되어 있는 것입니다.

"시험을 참는 자는 복이 있나니. 이는 시련을 견디어 낸 자가 주께서 자기를 사랑하는 자들에게 약속하신 생명의 면류관을 얻을 것이기 때문이라"

이 말씀은 우리 한 사람 한 사람에 대해서 말하고 있으며, 많은 그리스도인들에게 있어서는 눈이 열리게 되는 것이 될지도 모르겠습니다. 당신은 성령으로 충만한 하나님의 자녀로서 오랫동안 살아왔을지도 모르겠습니다. 혹은 주님에 대해 이제 막 알기 시작했을지도 모르겠습니다.

  이 생명의 면류관은 당신에게도 나에게도 관계가 있습니다. 이 약속 가운데, 우리가 시험(temptation)에 직면하여, 그 유혹(시련)을 주님의 이름으로 이긴다면 하나님은 보상(reward)해 주시겠다고 보증해 주시고 있습니다. 그러므로 기억해 주십시오. 당신이 시험을 받을 때마다, 위를 올려다보고 하나님께 감사드리십시오.

  하나님은 그 시험을 능히 이길 수 있는 힘을 당신에게 주실 뿐만 아니라 그 시험을 이긴 보상으로서 내세(hereafter)에 생명의 면류관을 당신에게 주시기 때문입니다.

  그 시련의 때, 그것이 어떤 연약함인가에 관계없이 혹은 당신이 몇 번이나 그 시련에 직면했을지라도 당신이 그 시련에 굴복하는 것을 예수님의 이름으로 거부한다면, 당신은 육의 그 유혹을 이긴 것으로 천국에서 보상받게 될 것입니다. 여러분 중에는 울었던 적이 있는 사람도 있을 것입니다. 절망적으로 되어서 "내게는 이다지도 많은 시련이 있습니다"라고 하면서 불평했던 사람도 있을 것입니다.

당신은 그것을 자신의 약점이라고 생각하고 이렇게 격렬한 시험에 직면하고 있는 것으로 자신의 구원을 의심한 적이 있는 사람도 있을지 모르겠습니다.

여기서 중요한 사실을 말씀드리고 싶습니다. 하나님의 말씀으로 뒷받침 되는 것입니다. 당신이 누구이든, 당신이 얼마나 영적인 사람이든 관계가 없습니다. 당신은 성령으로 충만하고 많은 영적 은사를 받았을지도 모릅니다. 당신은 육의 몸을 가진 인간으로서 가능한 한도에까지 하나님 가까이 살고 있는 사람일지도 모르겠습니다.

그렇지만 당신의 인생에서 이젠 이 이상 시험받을 일이 없어질 때는 결코 없습니다. 왜 입니까? 그것은 당신의 영혼의 원수가 마음을 바꾸지 않았기 때문입니다. 그는 여전히 적대하고 있는 자, 사단입니다. 그는 지금도 여전히 변하지 않았습니다. 당신은 그리스도를 자신의 구주로서 영접하고 그리스도 안에서 새로운 피조물이 되었습니다. 당신이 섬기는 주인은 바뀌었고, 당신은 이제 하나님의 자녀이고, 그리스도 예수와 공동 상속자가 되었습니다. 그러나 당신은 자신의 인생을 예수님께 양도했을 때에 가지고 있던 것과 동일한 육의 몸을 가지고 있다는 사실에 직면하지 않으면 안됩니다. 타락했기 때문에 여전히 육의 연약함이 있습니다. 당신이 최후의 숨을 거둘 때까지 죽어야 할 육의 몸은 존속합니다. 그때, 그리고 유일하게 그때만이 썩을 것이 썩지 아니함을 입게 되고, 지금은 죽을 것이 죽지 아니함을 입게 되는 것입니다(고린도전서 15:53).

그렇지만 그때까지는 당신은 육의 몸을 가지게 됩니다. 당신의 혼의 원수는 매우 활발하게 살아있고 당신의 육(flesh)을 통하여 역사합니다.

당신이 육체를 가지고 살고 있는 한, 그 싸움이 존재합니다. 당신은 시험을 받게 됩니다. 그러므로 당신이 시험을 만난다고 해서 걸려 넘어지지 마십시오. 시험 자체는 죄는 아니기 때문에 실망하지 말아 주십시오. 언제나 시험받을 가능성은 있지만 그 시험은 죄는 아닙니다. 사단이 당신을 죄 속에 빠뜨리려고 유혹하여 당신의 목에 사단이 뜨거운 숨을 불어 넣는 것을 당신은 느낄지도 모르겠습니다. 그러나 기억하십시오. 시험은 죄가 아닙니다. 그것이 죄가 되는 것은 당신이 그 시험에 굴복할 때입니다.

야고보서 1장 13~16절을 읽으십시오.

"사람이 시험을 받을 때에 내가 하나님께 시험을 받는다 하지 말지니 하나님은 악에게 시험을 받지도 아니하시고 친히 아무도 시험하지 아니하시느니라. 오직 각 사람이 시험을 받는 것은 자기 욕심에 끌려 미혹됨이니 욕심이 잉태

한즉 죄를 낳고 죄가 장성한즉 사망을 낳느니라. 내 사랑하는 형제들아 속지 말라"

 사랑하는 여러분, 이러한 유혹(temptation:시험)이 올 때 하나님이 시험하신다고 말해서는 안됩니다. 왜냐하면 하나님은 누구도 시험(유혹)하는 경우가 없기 때문입니다. 우리가 유혹받는 것은 자기 자신의 정욕이나 원함(craving)에 의해서 유혹에 빠지게 되는 것입니다. 우리의 정욕의 근원은 무엇입니까? 육입니다! 우리의 정욕이 잉태될 때, 그때 이 정욕이 죄를 낳고 죄가 장성하면 사망을 낳게 되는 것입니다. 야고보는 계속해서 이렇게 말합니다.

"내 사랑하는 형제들아 속지 말라"

 여기에서 그는 형제들, 그리스도인인 사람들에게 말하고 있는 사실을 분명히 하고 있습니다.
 자, 처음 12절로 되돌아 갑시다.
 "시험을 참는 자는 복이 있나니, 이는 시련을 견디어 낸 자가 주께서 자기를 사랑하는 자들에게 약속하신 생명의 면류관을 얻을 것이기 때문이라"

 이것은 어떤 의미일까요? 그 의미는 이렇습니다. 당신이 유혹을 받고 하나님의 능력으로 그 유혹에 굴복할 것을 거부할 때, 당신이 성령의 권능으로 그 유혹을 극복하고 승리를 얻을 때, 당신에게는 보상이 있습니다.

감동적이지 않습니까? 이것을 안다면, 그리스도인 생활은 부끄럽다든가, 유혹은 많고 자기에게는 많은 약점이 있기 때문에 승리는 불가능하다고 맨정신으로 불평하여 투덜거릴 수 있는 그리스도인은 한 사람도 없을 것입니다! 이젠 울음을 그치고 당신의 눈물을 닦으십시오!

가슴을 펴고 위를 올려다 보십시오! 당신이 유혹을 받을 때, 천국의 모든 것이 당신 편이라는 사실을 확신하고 기뻐하십시오. 당신에게는 하나님 아버지와 성자 예수 그리스도, 그리고 성령님과 모든 영광스런 천사들이 당신 편에 있습니다. 그러므로 당신은 머리를 들고 이때까지 당신을 괴롭혀 왔던 것들에 대해 승리를 얻어, 찬양하면서 자신의 길을 나아갈 수 있는 것입니다! 더구나 천국에 있는 영광의 서책(Books of Glory)에는 당신을 위해서 또 하나의 금으로 된 별 표시가 기록되고, 당신의 승리가 기억되어 보상받게 되는 것입니다.

그러한 보상이 주어질 때, 당신은 자신의 이름이 붙여진 그 별 표시의 이유를 주님께 물어보게 될지도 모르겠습니다. 주님은 이렇게 대답해 주실 것입니다.

"네가 유혹에 직면했던 그 문결을 걷고 있던 때를 기억하고 있느냐? 어떤 사람이 네게 악한 짓을 행하고 네가 노하여 그를 흠씬 두들겨 패주고 싶게 되었을 때를 너는 기억하고 잊지 않느냐? 너는 걸음을 멈추고 『예수님! 지금 저를 도와주세요!』라고 기도했다.

　너는 유혹이 기다리고 있는 그 문을 통과하여 가지 않았단다. 그 사람이 네게 억울하게 했을 때 너는 조용히 마음을 다스리고 있었단다. 너는 유혹의 시험에 승리했다. 이것은 너의 보상 중 아주 작은 일부일 뿐이다. 너는 인간이므로 육신의 정욕을 채우고 싶은 생각이 있었다. 그렇지만 너는 그것이 나쁘다는 것을 알고 있었다. 너는 누군가로부터 가르침을 받아야 할 필요는 없었단다. 너는 시험에 직면했지만, 그 유혹의 순간 너는 위를 올려다보고 이렇게 말하였다. 『주님, 나는 연약한 자입니다. 나는 당신이 필요합니다. 나를 도와주소서!』 그리고 나는 너를 버리지 않았단다"

　그렇습니다. 예수님은 당신을 버리지 않습니다! 당신이 아무리 약할지라도 당신이 예수님께 도움을 외치는 순간, 예수님은 그곳에 와 주십니다. 그분은 당신을 도와 주십니다. 그분은 하늘의 모든 군대를 파송하여 당신의 절규에 응답해 주시고, 당신은 그 유혹에 승리를 얻게 됩니다. 그러므로 기뻐하십시오. 언젠가 당신은 하나님 앞에 서서 승리의 보상을 받게 되고, 당신의 이름에 영예의 표시(the marks of honor)가 붙어있음을 알 때, 주님이 당신에게 약속하신 생명의 면류관을 주님께서 직접 당신에게 주실 것을 기억하십시오.

2. 영광의 면류관

승리한 사람들에게 내세(hereafter)에서 주어지는 두 번째 보상은 영광의 면류관이라고 불리는 것으로, 어떤 명확한 봉사를 하도록 주님으로부터 특별한 소명을 받은 사람들에게 주어지는 면류관입니다.

이것은 복음을 전하고 강단에 서도록 부르심을 받은 남녀에게 약속된 면류관입니다.

"너희 중에 있는 하나님의 양 무리를 치되 억지로 하지 말고 오직 하나님의 뜻을 따라 자원함으로 하며 더러운 이득을 위하여 하지 말고 기꺼이 하며, 맡은 자들에게 주장하는 자세를 하지 말고 양 무리의 본이 되라" (베드로전서 5:2~3)

이 메시지를 계속하기 전에 여기서 잠시 중단하겠습니다. 왜냐하면 나는 중요한 것을 말씀드리지 않으면 안 되겠다고 생각하기 때문입니다.

그렇게 하도록 하나님으로부터 부르심을 받지 않았다면, 어느 누구도 강단 앞에 설 권리는 없다고 하는 것이

나의 견고한 확신입니다.

나는 매우 진지하게 이 말씀을 드립니다. 그리스도인은 모두 혼을 얻는 자로서 하나님의 부르심을 입었다는 사실을 나중에 말씀드리겠지만, 내가 지금 말씀드리는 것은, 혼을 얻은 것(winning soul)에 대해서가 아닙니다. 제가 말씀드리는 것은 하나님의 말씀을 설교하고 그리스도의 몸에 대하여, 하나님의 말씀으로부터 생명의 떡을 제공하여 양육할 권위를 부여받은 사람에 대해서입니다.

오늘날 복음을 설교하도록 하나님으로부터 한 번도 권위를 부여받은 적이 없는데 강단에 서 있는 사람들이 있는 것을 나는 유감스럽게 생각합니다. 그래서 그들은 혼을 위하여 무거운 부담을 지지않고, 자기 교회 성도들이 영적으로 성장하는 것에 대해서 책임을 느끼고 있지 않았던 것입니다. 정직히 말씀드리지만, 그들이 다른 직업에 종사한다면 그것이 천배나 더 나은 것입니다. 자기가 설교자가 되는 것을 자기의 조모나 가족의 누군가에 의해서 "결정된" 사람들도 있습니다.

자기의 자녀가 어른이 되면, 설교자가 되도록 하겠다고 스스로 생각하고 스스로 계획을 세워서 설교자로서 임직을 받도록 하는 어머니들도 많이 있습니다. 그런 젊은이가 사역의 길로 들어가기로 결단을 했다고 해도 그것은 하나님과 전혀 관계가 없는 것이었습니다. 혹은 그의 아버지가 성공적인 사역자이거나, 조부가 하나님의 부르심을 받았다는 것으로 자기는 그 발자취를 따라야 한다고 느꼈을지도 모릅니다. 그 결과 실제로는 영혼들을 위한 무거운 짐(real burden)을 자신의 마음 속에는 가지고 있지도 않은데 설교자가 될 결단을 하는 것이 현명하게 생각되었던 것입니다.

왜 목사가 되었는지 자신 외에는 아무도 모르는 채로 목사가 된 사람들도 있습니다.

만일 그렇다면 그러한 사역자들이 다른 직업에 종사하는 것이 일천배나 더 바람직합니다. 왜냐하면 그렇게 하도록 하나님의 소명을 받고 하나님께서 직접 권위를 부여하시지 않으셨다면, 설교자가 될 권리는 어느 누구에게도 없다고 나는 확신하기 때문입니다. 그러므로 고린도전서 1장 1절에 있는 사도 바울에게 주어졌던 계시를 나는 확신하고 있습니다.

"하나님의 뜻을 따라 그리스도 예수의 사도로 부르심을 받은 바울"

바울은 자기가 누구로부터 부르심을 받았는지를 알고 있었습니다. 그것은 하나님으로부터의 부르심이며, 하나님의 뜻이라는 것을 그는 한점 의심도 없이 확신하고 있었습니다. 하나님께서 남자와 여자를 자기의 사역으로 부르실 때, 무리를 양육하기 위해서 필요한 여러 가지 도구나 방편들(tools & means)을 그 사람에게 충분히 구비하여 주실 것입니다. 나는 많은 신학교와 성경대학을 매우 귀히 여기고 있지만, "하나님의 부르심"은 스스로 공부해 가는 동안에 받게 되는 것은 아닙니다. 하나님께서 친히 주시는 것이어서, 하나님 외에 어느 누구도 줄 수 없는 것이며, 하나님이야말로 그 "부르심(call)"을 주시는 유일하신 분입니다.

내가 진심으로 확신하고 있는 이것을 여러분에게 말해도 여전히 "나와 함께" 하여 주신다면, 또 중요한 것을 여러분께 말하려고 합니다.

당신이 하나님의 뜻을 따라 하나님께서 정하신 대로 이 일을 하고 있다면 설교자의 사역은 이 세상에서 가장 힘들고 가장 어려운 직업입니다. 하루에 24시간 일하는 사역입니다. 복음을 전파하라는 나의 소명은 어느 누구도 멈출 수 없는 것이며, 내가 진심으로 확신하고 있는 것입니다. 그것은 구원과 마찬가지로 나에게는 실제적인 것입니다.

여성 설교자에 대해서 여러분이 뭐라고 말해도, 혹은 내가 여성 설교자인 것을 누군가 경멸을 할지라도 문제가 되지 않습니다. 나는 내 자신의 부르심이 어디서부터 온 것인지를 알고 있습니다. 나는 그 부르심에 충실하지 않으면 안된다는 것도 알고 있습니다. 내가 지금 하는 것을 자신의 뜻으로 삼으신 분께 나는 충실하지 않으면 안됩니다.

베드로전서 말씀을 펴서 하나님의 말씀을 전하기 위해 부르심을 받은 사람들에게 주어진다고 약속되어 있는 이 놀라운 약속을 다시 한 번 읽어 보십시오.

"너희중에 있는 하나님의 양무리를 치되(양육하되) **억지로 하지 말고**(즉, 강제적으로 아니고, 어쩔 수 없이 그것을 하는 것이 아니라) **오직 하나님의 뜻을 따라 자원함으로 하며 더러운 이득을 위하여 하지 말고 기꺼이 하며**(귀한 하나님의 자녀들을 지배하는 영적 독재자로서가 아니라) **맡은 자들에게 주장하는 자세를 하지 말고 양 무리의 본이 되라"**

이 마지막 말이 문제입니다!
모범이 되는 것은 간단한 것이 아닙니다.
복음의 사역자는 모두 하나님에 대해서, 또 자기가 지도하는 사람들에 대해서 무리(flock)의 모범이 되어야 할 책임이 있습니다. 우리는 무리를 양육할 뿐만 아니라, 자신이 설교하고 말하는 것을 날마다의 삶에서 생활화하고 자신이 설교하고 말하는 것의 모범이 되지 않으면 안됩니다. 만일 자신이 설교하는 것을 생활화 할 작정이 아니라면, 설교하지 않는 편이 일천 배나 더 났습니다. 일요일마다 강단에 서서 엄격한 복음을 전하고, 그 주간의 나머지 육일 동안은 자신의 설교와 반대의 삶을 사는 사람들이 너무나도 많이 있습니다. 우리는 하나님의 양무리를 양육하고 그것을 돈을 위해서가 아니라, 기쁨으로 감당하도록 주님으로부터 명령받았습니다. 그러나 또 우리는 하루 24시간, 일주일 7일 동안, 그리고 일년 365일, 그들에 대해서 모범이 되라는 부르심을 받고 있습니다.

베드로전서 5장 4절을 계속해서 읽어 보십시오.
"그리하면 목자장이 나타나실 때에 시들지 아니하는 영광의 관을 얻으리라"

나에게 그것은 매우 전율로 가득찬 것입니다! 하나님의 뜻에 의해 설교자가 될 소명을 받은 사실을 알고 있는 모든 남녀에게 영광의 면류관이라는 영원한 보상을 받게 될 놀라운 약속이 있다는 사실을 일깨워 줄 수 있다면 나는 이 세상에 있는 어떤 것을 주어도 좋을 정도입니다. 하나님의 말씀은 "양떼의 모범이 되라"라고 우리에게 명하고 있습니다.

하나님의 말씀은 무리(회중)를 즐겁게 하는 것에 대해서는 아무런 언급도 없습니다. 그것은 회중들의 배를 채워 주라는 의미도 아닙니다. 베드로는 성령의 영감으로 기록했습니다만, 그가 여기서 언급하는 것은 영의 사람(the spiritual man)입니다.

만일 당신이 설교자로서 하나님의 소명을 받았다면, 건강한 그리스도인들과 건강한 양들을 만드는 단 한 가지가 존재합니다. 그것은 영적인 음식 즉, 하나님의 말씀을 제공해 주는 것입니다. 성경의 대치물이 될 수 있는 것은 아무것도 없으며, 하나님의 말씀을 대치할 수 있는 것은 아무것도 없습니다. 하나님의 말씀이야말로 영의 사람을 위한 생명의 떡입니다. 이 놀라운 말씀의 양식으로 당신은 반드시 건강한 무리를 산출하게 됩니다.

육체가 건강하게 되는 것은 좋은 음식을 먹고, 합당한 방법으로 식사할 때 뿐입니다. 말씀 즉, 성경말씀이라는 영적인 양식으로 사람들을 양육하지 않으면 영적으로 건강한 양무리를 목양할 수 있는 목사는 결코 아무도 없습니다.

우리는 이 단단한 영적인 음식물을 먹는 것으로 다시 되돌아 올 필요가 있습니다. 너무나 많은 목사들이 그것에서 벗어나 방황해 왔습니다.

하나님을 섬김으로 자신을 다른 사람을 위해 헌신하는 것은 이 세상에서 가장 영광스러운 특권입니다. 그러므로 기꺼이 그 일을 하십시오. 열정을 가지고 그 일을 하십시오. 당신이 지금도 여전히 처음 사랑으로 예수님을 사랑하므로, 그리고 사역에 대한 당신의 소명이 어디에서 온 것인지 알기 때문에 그 일을 하십시오.

자신의 인생을 산 제물로서 드리는 것을 이 세상에서 최고의 특권으로 생각하십시오. 즉, 양무리를 치고 우리가 영원한 생명을 소유하도록 자신의 생명을 아낌없이 드리신 구세주를 사람들이 발견할 수 있도록 돕는 사역입니다.

나는 "활력을 얻기 위해 어떤 비타민제를 먹고 있습니까?"라는 질문을 받은 적이 있습니다. 나는 하나님의 완전하신 뜻 가운데 있으며, 그분의 양무리를 치며, 영원한 생명의 말씀을 주고 있다고 하는 것을 확신하며, 또 알고 있습니다. 그것을 대신할 만한 비타민제는 없습니다!

3. 기쁨의 면류관 (The Crown of Rejoicing)

이제 천국의 보상에 관한 시리즈의 세 번째 면류관인 기쁨의 면류관에 대해 보도록 하겠습니다. 영광의 면류관은 예수님이 자신의 양무리를 양육하기 위해 부르심을 받은 사람들에게 주시는 것이지만, 이 기쁨의 면류관은 그것과는 다릅니다. 승리자가 되는 것은 강단에 서는 설교자뿐이다 라고 생각해버리는 경우가 있을지도 모릅니다. 그러나 그렇지 않습니다. 하나님의 능력으로 거듭난 그리스도인이라면 누구라도 강단에 서는 사람과 동일하게 사람들을 주 예수 그리스도께로 인도해야 할 책임을 가지고 있습니다. 그리스도인은 모두 혼을 얻는 자로서 부르심을 받았습니다. 그렇습니다. 복음의 사역자는 사람들을 그리스도께로 인도하기 위해 쓰임받는 일이 자주 있지만, 그 사람은 무리를 양육하고, 회중들에게 영적인 양식을 제공하고, 하나님의 말씀을 풀어주기 위해서 부르심을 받은 사람입니다.

내가 매우 중요하게 생각하는 것이 있습니다. 잠시 그것을 생각해 보기로 하겠습니다. 그것은 혼을 예수님께로 인도하는 것은 인간의 생애에서 가능한 가장 숭고한 일이라는 사실입니다. 매우 존경받는 어느 유명인이 이런 질문을 받았던 적이 있습니다. "인간으로서 가능한 가장 위대한 일은 무엇이라고 생각하십니까?" 그는 주저함 없이 이렇게 대답했습니다.

"가장 위대한 것은 뛰어난 과학자가 되는 것도, 정치가나 신학자가 되는 것도 아닙니다. 모든 것들 가운데서 가장 위대한 것은 인간이 누군가 다른 사람을 예수 그리스도께로 인도하는 것입니다."

그 사람이 말한 것은 실로 현명하고 훌륭한 대답이었습니다. 교회의 멤버로서도 그리스도인 개인으로서도, 모든 사람이 누군가를 그리스도께로 인도하려고 하는 숭고하고 원대한 열망을 품어야 합니다. 사람들을 그리스도께로 인도하기 위한 뛰어난 방법은 안드레의 말 안에 나타나 있습니다. 그는 자기 형제 시몬을 예수님께 인도했습니다. 그러므로 이 세상을 그리스도를 위해 쟁취하기 위한 뛰어난 방법이란 개인적인 방법입니다. 이것은 그리스도의 계획이며, 하나님은 거듭난 한 사람 한 사람이 최선을 다해 사람들을 놀라우신 예수님께로 인도하고, 예수님을 섬기는 자로 만들도록 기대하고 계십니다.

사도행전 1장 8절에 이렇게 기록되어 있는데, 예수님은 말씀하셨습니다.

"예루살렘과 온 유대와 사마리아와 땅 끝까지 이르러 내 증인이 되리라"

초대교회는 이것을 이해했습니다. 초대교회 시절, 로마제국은 이교의 이기적인 권력을 장악하고 완전히 부패해 있었습니다. 그렇지만 짧은 한 세대 동안에 초대교회가 로마제국 중심으로부터 구석 구석에 미치기까지 뒤흔들고, 그 광대한 영토의 구석 구석에까지 복음의 빛을 밝혔던 것입니다.

그들은 어떻게 그것이 가능했던 것일까요? 그들은 그것을 개인적인 방법으로 행하였습니다. 그리스도를 사랑하는 남자도 여자도, 아이들도 도처에 나아가 그리스도의 이야기를 하고, 그리스도를 증거하고, 그것을 들은 사람들이 그들을 따르고, 거듭남의 경험이 실제적인 것임을 스스로 발견해 갔던 것입니다.

그렇지만 무엇보다도 가장 먼저, 당신이 그것을 생활하지 않는 한 그것을 증거하는 것은 불가능합니다. 만일 당신의 삶이 증거가 되어 있지 않다면, 도대체 당신은 당신의 이웃 사람들에 대해 어떻게 증인이 될 수 있겠습니까? 도대체 어떻게 그들에게 하나님을 개인적으로 말해줄 사역자가 될 수 있겠습니까?

"당신의 행함이 너무 크게 말하고 있기 때문에 당신이 말하는 것이 들리지 않습니다"라고 하는 말을 우리는 종종 듣고 미소까지 머금었던 적이 있을 것입니다. 그러므로 혼을 주님께로 인도할 책임을 설교자나 누군가 다른 사람에게만 떠밀려고 하는 그리스도인들이 많이 있습니다. 그들이 혼을 구해야 할 자기의 책임으로부터 변명하여 회피하려고 하는 것은 자기의 증거가 전혀 능력이 없음을 알고 있기 때문입니다. 즉, 그들은 매일 일관성 있는 그리스도인의 삶을 살고 있지 않는 것을 스스로 알고 있기 때문입니다.

어머니로서 가능한 가장 위대한 성취는 그녀 자신의 가족을 주님께 인도하는 것입니다. 그것이야말로 그녀에게 주어질 수 있는 가장 위대한 선물이자 찬사입니다. 왜 그런지 그것을 알고 싶습니까?

그것이 가능케 된 이유는 그녀의 아들도, 딸도, 남편도, 그리스도인으로서의 그녀의 삶에 대해 신뢰할 수 있었기 때문입니다. 그녀는 하루 스물 네시간, 가족들 앞에서 그런 생활을 해야 합니다.

아버지에게 주어질 수 있는 가장 위대한 선물은 예수님을 구세주로서 영접하는 아들인데, 왜냐하면 그리스도인인 아버지가 아들 앞에서 그러한 삶을 살아왔기 때문입니다. 당신이 사랑하는 사람이나 이웃 사람을 주님께로 인도할 수 있도록 되기 위해서는 당신이 매일 일관성있는 삶을 살지 않으면 안된다는 것은 말할 필요도 없습니다.

바울은 그것을 데살로니가전서 2장 18~20절에서 언급하고 있습니다.

"그러므로 나 바울은 한번 두번 너희에게 가고자 하였으나 사탄이 우리를 막았도다. 우리의 소망이나 기쁨이나 자랑의 면류관이 무엇이냐?"

바울은 이렇게 질문하고 있습니다. "우리의 희망은 무엇입니까? 우리의 진정한 기쁨은 무엇입니까? 우리의 기쁨의 면류관은 무엇입니까?" 계속해서 그는 이렇게 대답하고 있습니다.

"그가 강림하실 때 우리 주 예수 앞에 너희가 아니냐 너희는 우리의 영광이요 기쁨이니라"

여기에서 바울이 말하고 있는 것은 그의 노력을 통하여 주 예수 그리스도께 인도함을 받게 된 사람들이며, 그의 노고를 통하여 주 예수 그리스도께로 회심한 회심자들입니다.

이 지상에서 한 명의 영혼을 그리스도께 인도하는 것만큼 커다란 기쁨은 없습니다. 또 내세에서 당신이 놀라우신 예수님의 임재 앞에 서게 될 때, 가장 큰 기쁨이 되는 것은 누군가가 당신의 얼굴을 들여다보면서 이렇게 말하는 것입니다.

"내가 지금 여기에 있는 것은 당신이 증거해 주셨기 때문입니다. 내가 오늘 천국에 있는 것은 당신이 살았던 삶 때문입니다. 내가 이 천국에 지금 있는 것은 당신이 내게 가르쳐주셔서 주 예수님께로 인도해 주셨기 때문입니다!"

그때 기쁨의 면류관이 당신의 것이 됩니다.

그렇습니다. 한 사람의 영혼을 예수님께로 인도하는 것은 절대적으로 확실하게 인간의 삶에서 가능한 최고의 성취이며 업적입니다. 그리고 기쁨의 면류관이야말로 남자와 여자들을 그리스도께로 인도한 사람들을 위해 내세에 약속되어 있는 영혼을 얻은 사람의 면류관입니다.

4. 의의 면류관 (The Crown of Righteousness)

네 번째 면류관인 의의 면류관에 대해 살펴보기로 하겠습니다.

먼저 디모데후서 4장 2~8절에서 하나님의 말씀은 어떻게 말씀하시는지 살펴보겠습니다. 여러분도 아시다시피, 사도 바울이 언급하고 있는 중요한 것을 충분히 이해하는데는 이 네 번째의 면류관에 대해서 언급되고 있는 문맥을 반드시 알아야 합니다.

"너는 말씀을 전파하라. 때를 얻든지 못 얻든지 항상 힘쓰라. 범사에 오래 참음과 가르침으로 경책하며 경계하며 권하라. 때가 이르리니 사람이 바른 교훈을 받지 아니하며 귀가 가려워서 자기의 사욕을 따를 스승을 많이 두고 또 그 귀를 진리에서 돌이켜 허탄한 이야기를 따르리라. 그러나 너는 모든 일에 신중하여 고난을 받으며 전도자의 일을 하며 네 직무를 다하라. 전제와 같이 내가 벌써 부어지고 나의 떠날 시각이 가까웠도다. 나는 선한 싸움을 싸우고

나의 달려갈 길을 마치고 믿음을 지켰으니 이제 후로는 나를 위하여 의의 면류관이 예비되었으므로 주 곧 의로우신 재판장이 그 날에 내게 주실 것이며 내게만 아니라 주의 나타나심을 사모하는 모든 자에게도니라"

나는 이 말씀을 읽으면 나는 침착을 유지하면서 가만히 있을 수 없게 됩니다. 그것은 너무나 영광스럽고 전율이 넘칩니다! 기억하십시오. 바울이 언급하고 있는 것은 이 시대의 마지막에 관해서인데, 우리가 살고 있는 지금 시대에 관해서입니다! 그는 이 마지막 시대에 거짓 선지자들이 나타나 우리는 그들을 보고 듣게 된다고 말했습니다. 건전하고 올바른 가르침을 견딜 수 없는 사람들이 나타나게 된다고 하는데, 오늘날 그런 사람들은 많이 있습니다. 지옥에 대한 설교를 견딜 수 없는 교회원들이 많아지게 될 것입니다. 그리고 만일 우리 설교자가 강단에 서서 지옥에 대한 이야기를 하려는 사람이라면, 그들은 그 사역자를 두 번 다시 그 강단에 세우려 하지 않을 것입니다. 십계명에 대한 설교에도 견딜 수 없는 교회원들이 일어날 것입니다. 왜일까요? 그것은 당신은 간음해서는 안된다고 하는 계명이 지금도 여전히 십계명의 일부이기 때문입니다.

사람들이 들어야 하는 것, 혹은 들어야 할 필요가 있는 것보다도 오히려 사람들이 듣고 싶어하는 것을 설교하는 사역자들이 많이 있는 시대가 되었습니다. 그렇지만, 성경은 분명히 말씀합니다.

"너는 말씀을 전파하라. 때를 얻든지 못 얻든지 항상 힘쓰라. 범사에 오래 참음과 가르침으로 경책하며 경계하며 권하라"

바울은 여기서 끝내고 있는 것이 아닙니다. 그는 계속해서 경고하고 진리로부터 귀를 외면하는 시대가 된다고 언급합니다. 우리는 그것을 우리 자신의 눈으로 목격하고 있습니다.

다시 한 번 8절을 읽어보십시오.

"이제 후로는 나를 위하여 의의 면류관이 예비되었으므로 주 곧 의로우신 재판장이 그 날에 내게 주실 것이니"

바울은 거기서 끝냈을까요? 아닙니다. 그는 그렇게 하지 않았습니다. 이 의의 면류관에 대해서 계속해서 이렇게 말하고 있습니다.

"내게만 아니라 주의 나타나심을 사모하는 모든 자에게도니라"

이것은 별개의 면류관이며, 그는 이 의의 면류관이 주어지게 될 사람에 대해서 말하고 있습니다.

여기서 잠시 중단하고, 내가 알게된 가장 흥미깊은 것을 생각해 보고자 합니다. 여러분은 어떨지 모르겠습니다만, 나는 하나님의 말씀 중에서 계시록 이상으로 즐겁게 읽은 것은 없습니다.

1장에서 요한은 자신이 본 것, 또 들은 것을 기록하고 이 계시가 믿어야 할 확실한 계시이며, 자신이 보고 들은 것의 증거임을, 그 기록한 내용을 받는 사람들을 확신시키려고 힘썼습니다.

그러나 당신은 이것을 알고 있습니까? 요한이 보고 들은 모든 것 가운데 그에게 가장 전율로 가득차게 한 것은 예수님께서 지구에 다시 돌아오시는 것을 그가 보았던 것이었습니다!

나는 그것을 이해했을 때 침착하게 가만 있을 수가 없었습니다. 그리고 왜 요한도 또한 자신의 흥분을 억누를 수 없이 그의 인사를 스스로 차단하고 다음과 같이 말했는지 알게 되었습니다.

"볼지어다 그가 구름을 타고 오시리라. 각 사람의 눈이 그를 보겠고 그를 찌른 자들도 볼 것이요 땅에 있는 모든 족속이 그로 말미암아 애곡하리니 그러하리라 아멘. 주 하나님이 이르시되 나는 알파와 오메가라 이제도 있고 전에도 있었고 장차 올 자요 전능한 자라 하시더라" (요한계시록 1:7~8)

요한이 보았던 모든 것들과 요한이 들었던 모든 것들 가운데서 가장 그를 감동시킨 것은 주 예수 그리스도의 영광스런 재림, 놀라운 나타나심(marvelous appearing) 입니다! 그리고 당신은 알고 싶습니까? 하나님께 성별된 생활을 하고 있는 사람들만이, 타협하지 않는 생활을 하고 있는 사람들만이, 완전히 자신을 성별하여 헌신한 삶을 사는 사람들만이, 자신이 이미 받은 모든 빛을 따라 살고 있는 사람들만이, 주님께서 오심을 진심으로 기다리면 대망(待望)하는 사람들이라고 나는 지금도 생각합니다.

왜 그렇습니까? 그들은 스스로 주님을 만날 준비가 되었음을 알고 있기 때문입니다.

하나님이 당신을 주님의 영광스러운 나타나심(glorious appearing)에 준비된 자로 만들어주시고 의의 면류관을 받게 될 사람들 가운데 있게 될 자로 예비시켜 주시도록 기도드립니다.

주 예수여 오시옵소서!

5. 썩지 않는 면류관 (The Crown Incorruptible)

다섯 번째 면류관인 썩지 않을 면류관은 우리를 위해

예비된 보상들 중 마지막 것입니다. 문맥으로부터 한 절만 취해내서 그 주제의 전후 관계를 잘라버리는 위험을 범해서는 안되겠으므로, 고린도전서 9장 24절과 25절을 함께 보겠습니다.

"운동장에서 달음질하는 자들이 다 달릴지라도 오직 상을 받는 사람은 한 사람인 줄을 너희가 알지 못하느냐. 너희도 상을 받도록 이와 같이 달음질하라. 이기기를 다투는 자마다 모든 일에 절제하나니 그들은 썩을 승리자의 관을 얻고자 하되 우리는 썩지 아니할 것을 얻고자 하노라"

바울은 하나의 예로서 달음질(race:달리기 경주)을 사용하고 있지만, 왜 그렇게 하는지에 대해서도 언급하고 있습니다. 마라톤이나 어떤 달리기 경주에 참가하는 사람들 가운데 승자가 그 경기 마지막에 트로피와 부상을 받는다는 것은 누구라도 알고 있습니다.

그 경기의 준비 기간 중 엄격히 절제하는 것은 훈련의 일부입니다. 그 훈련은 엄격하고 혹독합니다. 훈련이 엄격하지 않다면 결과도 대수롭지 않습니다. 그러나 승리자가 이 땅에서 어떠한 트로피를 획득해도 그것은 썩을 면류관이며 쇠퇴하고 소멸될 보상입니다. 그것은 그가 내세에 가져갈 수 있는 것이 아닙니다. 그것은 결국 일시적인 것이며, 덧없는 것이기 때문에 시들어 버릴 것에 지나지 않습니다.

그러나 한편으로 우리는 썩지 않을 보상과 부상을 받게 될 경주(race)의 주자들입니다. 우리가 내세에서 받게 될 면류관은 썩을 면류관이 아닙니다. 우리가 달리는 경주의 마지막에 우리 것으로 될 면류관은 영원한 면류관, 영원한 행복의 면류관입니다.

바울은 말하고 있습니다.

"그러므로 나는 달음질하기를 향방 없는 것 같이 아니하고 싸우기를 허공을 치는 것 같이 아니하며, 내가 내 몸을 쳐 복종하게 함은 내가 남에게 전파한 후에 자신이 도리어 버림을 당할까 두려워함이로다" (고린도전서 9:26∼27)

여기서 멈추어서서 저와 함께 이것을 생각해 봅시다. 잠시동안 곰곰히 시간을 들여 생각해 볼 필요가 있습니다. 바울이 언급하는 것은 정확히 무엇을 의미할까요? 그것은 심오합니다. 그것은 예리합니다. 그것은 강력하며 날마다의 삶에 직결되는 것입니다. 그는 어떤 의미의 것을 언급하고 있을까요? 과거에 살았던 성도들 가운데서 바울은 가장 위대한 인물 가운데 한 사람이었다는 사실은 받아들여지는 사실입니다. 그러므로 자기의 몸을 날마다 억제할 필요가 있음을 바울이 발견했다면, 즉 바꾸어 말해서 육과 싸우는 것이 필요하다는 사실을 그가 발견했다면 여러분과 나는 더 더욱 육을 억제하기 위해 날마다 싸우고 노력해야 될 것입니다! 그것은 깊이 생각해 볼 가치가 있는 것입니다. 바울은 갈라디아서 5장 17~18절에서도 이것에 대해 계속 언급합니다.

"육체의 소욕은 성령을 거스르고 성령은 육체를 거스르나니 이 둘이 서로 대적함으로 너희가 원하는 것을 하지 못하게 하려 함이니라. 너희가 만일 성령의 인도하시는 바가 되면 율법 아래에 있지 아니하리라"

이 말씀의 의미는 무엇입니까? 여러분과 내가 하나님의 자녀로서 직면하게 될 끊임없는 싸움이 있다는 사실을 바울은 인정하고 있습니다.

그는 믿지 않는 자들이나, 거듭나지 아니한 사람들에게 이 글을 쓰고 있는 것이 아닙니다. 그는 형제들(갈라디아서 5:13)에게 이 글을 보내는 것입니다.

솔직히, 그리고 단도직입적으로 여러분께 말씀드려도 괜찮겠습니까? 만일 당신이 육의 어떤 어려움도 느끼고 있지 않다면 그리고, 만일 당신이 육과의 싸움을 전혀 경험하고 있지 않다면, 어딘가 잘못되어 있는 것입니다. 당신은 처음부터 거듭나 있지 않거나 그렇지 않으면 당신은 죽어 있으면서도 그것을 모르고 있던가. 둘 중의 어느 하나입니다!

왜 제가 이런 말을 하는지 이해하시겠습니까?

그것은 육과 영이 끊임없이 싸우고 있다고 하나님의 말씀이 우리에게 가르쳐 주시기 때문입니다. 정확히 그렇습니다!

그러나 바울은 자신의 육을 복종시키라고 말합니다. 정욕이 있습니다. 유혹이 있습니다. 그럼에도 불구하고 바울은 성령의 능력으로, 육을 제어한다고 말합니다. 자기 자신의 능력에 의해서가 아니며, 자기 자신의 의지력에 의해서도 아닙니다. 성령의 능력으로 바울은 육을 지배할 수 있었던 것입니다. … 그리고 마찬가지로 우리에게도 해당되는 것입니다!

여러분도 아시다시피, 우리 영혼의 대적도 삼위일체(triune)입니다.

즉, 세상과 육과 악마가 존재합니다. 솔직히 말씀드리겠습니다. 나에게 이 세상은 전혀 매력이 없습니다. 나는 이 세상 어떤 것을 내게 줄지라도, 이 세상에 있는 아직 구원받지 못한 사람과의 관계를 바꾸는 일은 없습니다. 죄 가운데 있는 남자와 여자들이 무엇을 얻게 되는지 나는 알지 못합니다. 그들이 가지고 있는 것으로 내가 갖고 싶어하는 것은 단 하나도 없습니다. 길거리의 늙은 술주정꾼은 사람들로부터 경멸과 혐오스런 눈총을 받습니다.

이 사회적인 출세가도를 꼭대기까지 올라간 사람이라도 실제로는 완전히 허무한 것으로 시간을 소비하고 있지만 그 사람이 가진 것에서 내가 갖기 원하는 것은 단

하나도 없습니다. 나는 그런 사람의 삶의 방식도, 그런 사람의 존재의 피상적임(shallow existence)도 전혀 바라지 않습니다.

그는 내가 진실로 바라는 것을 아무것도 소유하고 있지 않습니다. 나는 영원한 것을 위해 일하고 있습니다. 나에게는 목표와 목적이 있습니다. 나는 이 세상을 조금도 두려워하지 않습니다. 이 세상은 내게 전혀 매력이 없기 때문입니다.

나는 마귀를 두려워하지 않습니다. 마귀가 한 번 공격했다고 해서 그 사람이 패배에 동의하는 것이 아니라면, 인간은 어느 누구도 결코 패배할 필요가 없다는 것을 나는 알고 있기 때문입니다. 왜 입니까? 그것은 당신과 나는 예수님이 사용하셨던 것과 동일한 무기를 마귀를 향해 사용할 수 있기 때문입니다. 즉, **"기록되었으되"(마태복음 4장)** 라는 무기입니다. 당신이 성령의 검, 하나님의 말씀(엡 6:17)을 사용한다면, 사단과 그의 졸개들은 눈깜빡하는 순간에 떠나갑니다.

예수님은 이 무기를 사용하셨고, 여러분과 나도 그것을 사용하시도록 가르쳐 주셨습니다.

그렇지만 나는 육을 두려워한다는 사실을 인정할 것입니다. 나는 내 자신의 약함을 잘 알고 있습니다. 나는 여전히 죠 쿨만과 엠마 쿨만의 딸입니다. 나는 나의 아버지와 어머니로부터 육의 약함을 이어받았습니다. 나는 여전히 육 가운데 있습니다. 비록 내가 거듭났지만, 그러한 연약함들은 여전히 있으며, 완전히 뿌리뽑혀진 것이 아닙니다.

거듭날 때, 육의 연약함이 제거될 수 있다면 바울은 육과 영은 언제나 싸우고 있다고는 결코 말하지 않았을 것입니다. 그럼에도 불구하고 여러분에게 좋은 소식이 있습니다. 여러분과 나는 자신의 약점에 승리할 수 있습니다. 우리는 육의 약함에 승리할 뿐만 아니라 그리스도 예수를 통하여 넉넉히 압도적으로 승리하게 됩니다.

우리는 도덕적인 면에서 자유를 가지고 태어났습니다. 죄인은 자신의 구세주로서 그리스도를 영접하기 거부하는 것도 완전한 자유입니다. 우리가 거듭난 후에도 우리는 도덕면에서 자유로운 영역에 머무르고 있습니다. 우리는 우리의 육을 지배할 수 있도록 주님께 자신을 드리고, 날마다 승리의 삶을 지속적으로 유지할 수도 있고 육과 타협하는 삶을 살아갈 수도 있습니다. 그 선택은 우리 스스로 하지 않으면 안되는 것입니다. 나는 하나님의 허용적인 뜻을 선택할 수도 있으며, 하나님의 완전하신 뜻을 선택할 수도 있습니다.

나는 하나님께 완전히 순종하는 삶을 선택할 수도, 타협한 삶을 선택할 수도 있습니다. 내가 자신의 몸을 제어하기로 선택한다면, 하나님은 권능을 예비해 주시고 그것을 가능하도록 해 주십니다.

 내가 매우 이해하기 쉬운 방식으로 말씀드리려는 것은 이것입니다.

 주님 안에는 당신이 영을 양도해 드릴 수 있는 장소가 있으며, 더구나 혼을 양도해 드릴 수 있는 장소가 존재할 뿐만 아니라 당신의 몸을 살아있는 제물로서 그리스도께 복종시키는 장소도 있습니다.

 바울은 그것을 **"거룩한 산 제사"(로마서 12:1)**라고 말합니다. 그것은 당신을 위해서 자신의 생명과 몸을 주시기까지 당신을 사랑하신 분께 모든 것을 드리는 것입니다. 그분은 당신을 위하여 자신의 피를 흘리셨을 뿐만 아니라, 당신을 위해서 자신의 몸도 모두 바치셨습니다. 그러므로 그분이 몸을 드리고, 피를 흘리셨음으로 당신과 나에게는 혼과 영과 몸에 승리하는 능력이 주여져 있는 것입니다.

 언젠가 우리가 그분의 영광스러운 임재 앞에 서게 될 때 육, 즉, 몸을 주님의 완전하신 뜻에 복종시켜 온 사람들에게 그 썩지 않는 면류관이 주어지게 됩니다.

제 10 장
성령의 인치심(Seal of the Spirit)

이성령의 인치심에 대한 공부는 당신에게 매우 흥미로운 것이 되리라 나는 확신합니다. 그러나 이 주제에 대해 고찰하기 전에 생각해 보아야 할 것이 있습니다. 우선 맨 먼저 예수님께서 십자가 위에서 죽으심을 통하여 우리에게 주신 용서를 믿음으로 받아들이지 않으면 안됩니다.

당신이 하나님의 아들 예수 그리스도를 통하여 그 용서를 받아들이는 순간 창조자이신 하나님께서 당신의 천부가 되어 주십니다. 이 결단을 했다면 당신이 한 명의 신자로서 또 그리스도의 몸의 일원으로서 매우 놀라운 입장에 있다는 사실을 깨달아 주십시오. 실제로 대부분의 그리스도인들은 그리스도인으로서 자신의 것으로 되어 있는 것에 대해서, 혹은 그리스도 예수 안에서 자신의 상속받고 있는 것들에 대해서, 충분히 이해하고 있는 걸까, 혹은 조금이라도 생각하고 있는 걸까 하고 나는 종종 생각해 볼때가 있습니다. 이 놀라운 거듭남의 경험을 한 후에 그 경험에 포함되어 있는 모든 것을 이해하고 있는 사람, 혹은 하늘 왕(Heavenly King)의 자녀들 중 한 명이 된다는 것의 의미를 알고 있는 사람은 거의 없습니다. 그리스도를 자신의 인생에 영접해 들였다면 당신도 나도 참으로 하늘 왕의 자녀인 것입니다.

그러므로 성령의 인치심에 관한 이 메시지를 시작함에 있어서, 우선 사도 바울이 에베소에 있는 그리스도인들 앞으로 보낸 편지로부터 시작하기로 하겠습니다.

이 귀중한 편지 가운데 그리스도인의 교리 전체가 들어 있습니다. 에베소서 1장 3절부터 14절까지 읽어 보십시오. 이 세 절의 첫 마디는 그것만으로도 하나의 설교가 됩니다.

"우리에게 복 주시되…"

이 "복(blessed)"이란 말만큼 전율로 가득찬 말을 성경 전체 가운데서 이것 외에 하나도 나는 알지 못합니다.

나는 하나님께 축복받은 자녀가 되길 원합니다. 나는 하나님께 축복받은 종이 되길 원합니다. 나는 하나님의 축복과 하나님의 미소와 하나님의 은총(favor)과 하나님께 인정받기를 열망합니다.

여러분도 나도 패배자와 같은 삶을 살고 있는 하나님의 자녀들을 본 적이 있을 것입니다! 실제로 그렇습니다. 그들의 하늘 아버지는 그들의 행함과 동떨어져 있고 그들의 삶의 방식과 동떨어져 있으며, 그들의 보는 방식과도 동떨어져 있으므로, 이미 죽으신 것일까 하고 생각될 것입니다.

우리 그리스도인들이 거듭나지 않는 남성에게, 구원받지 못한 여성에게 하나님의 자녀들에 대한 잘못된 인상과 잘못된 관념을 제공해 주는 경우가 자주 있는 것은 매우 슬픈 일이지만 사실입니다.

우리가 자신은 귀중한 존재임을 깊이 깨달을 수 있다면 좋을텐데… 하고 생각합니다! 우리는 하나님의 상속인입니다! 그것이 어떤 의미인지 아시겠습니까? 내가 지금 묻는 것을 정직한 마음으로 생각해 보십시오. 하나님의 상속인이란 어떤 의미인지 당신은 뭔가 이해할 수 있겠습니까? 그러나 만일 당신이 거듭났다면, 만일 당신이 그리스도인이라면 지금의 당신이 진실로 바로 그런 존재입니다.

당신은 참으로 그리스도 예수와의 공동 상속인입니다. 그것은 어떤 언어의 유희(fairy tale)나 듣기 좋은 소리가 아닙니다.

그것은 누군가가 상상으로 지어낸 이야기가 아닙니다. 그것은 하늘과 땅의 최고 권위자로부터 온 약속입니다. 왜냐하면 그것이야말로 거듭난 사람들에 대해서 하나님의 말씀이 보증하고 있는 것이기 때문입니다.

 하늘 아버지께서 자신의 자녀들에 대해 어떤 사람의 행위를 하고 계신지 잠시 생각해 봅시다. 우리는 거듭났습니다. 우리는 신자이며, 하나님은 그리스도 안에서 우리를 모든 복으로 축복해 주셨습니다. 여러분과 내가 복 받는 것은 다만 하나님이 우리를 축복해 주실 때 뿐이라는 사실을 여러분은 깨닫고 계시는지요?
 우리는 가끔 자신은 누구에게도 의지하지 않고 스스로 충족하고 있다고 느낄 때가 있음을 나는 알고 있습니다. 그러나 그리고나서 자기가 자족하고 있는 것을 우쭐해하다가 두려운 사태에 빠지게 됩니다.
 매우 머리가 좋은 사람들로 지극히 곤란한 상황에 처해진 사람들을 나는 알고 있습니다. 왜 그렇습니까? 그들이 자신의 지혜를 의지했기 때문입니다. 그들은 스스로 자신을 축복하려고 했던 것입니다.
 그렇지만 당신이나 내가 복을 받는 것은 단지 하나님께서 우리를 축복해 주실 때 뿐입니다.
 "주 예수 그리스도의 아버지께서 그리스도 안에서 하늘에 속한 모든 신령한 복을 우리에게 주시되" (에베소서 1:3)

 그리고 그분이 우리의 삶을 축복해 주시는 것에 의해

우리는 이 세상에서 가장 유복한 사람들이 됩니다! 하나님은 아주 오래전 자신의 사랑으로 우리를 택하여 주셨습니다. 왜냐하면 에베소서 1장 4절에 이렇게 기록되어 있기 때문입니다.

"곧 창세 전에 그리스도 안에서 우리를 택하사"

여기서 비교해 보고 싶습니다. 죠 쿨만은 나의 육신의 아버지입니다. 이 세상에서 가장 근사한 것들 중 하나는 자녀가 "자신은 필요하다(원해졌다)"는 사실을 알 때입니다. 그것이야말로 자녀들이 가질 수 있는 가장 위대한 확신입니다. 내가 그것을 아는 것은 나의 아버지와 어머니가 나를 필요로 해주셨기 때문입니다.

나는 양친께서 바라지 않던 자녀가 아니었습니다. 나의 생애를 통해서 나는 그 확신을 내 안에 보물처럼 소중히 간직해 왔습니다. 나는 내 자신이 원해졌다는 것을 알고 있었습니다.

불행하게도 자신들이 지상의 부모에게 필요치 않는 자녀들은 오늘날 몇 백만명이나 살아있으며 거리를 걷고 있습니다.

하지만 여러분은 알고 싶습니까? 하나님의 존귀한 자녀들은 한 사람 한 사람 모두가 필요로 합니다!

하나님은 창세 전에 자신의 사랑으로 우리를 택하여 주셨습니다!

거듭난 우리 가운데 천부께서 원하지 않으셨던 사람은 단 한 사람도 없습니다! 당신은 육신의 부모에게는 원하지 않았던 자녀였을지도 모릅니다만, 당신은 햇볕을 보기 전부터 당신을 필요로 해서 바라셨던 천부가 계십니다. 이 세상의 기초를 놓기 전부터 당신은 원해졌으며 하나님께 사랑받고 있었습니다.

더구나 하나님은 자신의 기쁘신 뜻 안에서 여러분과 나를 자신의 자녀의 위치(the place of His children)에 두실 것을 미리 예정하셨습니다.

하나님은 자신의 은혜로 우리를 부요케 하셨으며, 우리를 풍부한 자가 되게 해주셨습니다. 자신이 가난하다구요? 하나님의 자녀는 어느 누구도 가난하지 않습니다. 물질적으로 당신은 풍요롭지 않을지 모르지만, 당신은 실상 엄청난 부자입니다! 내가 말하는 것은 돈을 의미하는 것이 아닙니다. 나는 잘못된 가치관을 가진 사람들이 많이 있다고 생각할 때가 있지만, 우리는 참된 가치관으로 돌아가야 할 필요가 있습니다.

당신의 마음에 평안을 유지하고 있다면 당신은 부유한 자입니다.

당신이 밤에 잠자리에 들 때 마음의 평안을 유지하며 머리를 베개 위에 올리고 안식할 수 있다면 당신은 부유한 사람입니다.

당신이 혼의 평안을 유지하고 있다면 이 세상에서 물

질적으로 금전적으로 가장 부요한 사람일지라도 결코 누리지 못하는 것을 당신은 소유하고 있는 것입니다.

인생에서 어떠한 불안한 일이 일어날지라도 확실한 피난처가 있음을 당신이 확신하고 있다면, 당신은 진정한 보증(genuine security)을 가지고 있는 것입니다.

오늘날 이 시대 절대적인 보호하심(security)을 알고 있는 사람이야말로 진정으로 부유한 사람들입니다. 나는 경제적인 보증을 말하고 있는 것이 아닙니다. 내가 말하는 것은 하나님 아버지 안에 있는 보호하심이며 그것은 단지 하루나 6개월 동안만의 보호하심이 아니라, 10년 동안만의 보호하심도 아닙니다. 내가 말하는 것은 영원까지 계속되는 그리스도 안에 있는 보호하심입니다.

그렇습니다. 하나님은 당신을 부요케 해주시고 당신을 풍요롭게 해주셨습니다. 그분은 자신의 자녀들에게 자신의 계획의 여러 가지 위대한 비밀들을 계시해 오셨습니다. 하나님의 자녀들은 이 세상의 어떤 위대한 지도자들보다도 장래에 대한 많은 것들을 알고 있습니다. 하나님은 감추어져 있던 진리들을 자기 자녀들에게 계시해 주시고, 친히 사랑의 행위로서 자신의 영광을 우리에게 계시하여 오셨습니다.

당신이 거듭난 사람이라면, 당신이 하나님의 아들 예수 그리스도와 공동 상속자가 되는 이 놀라운 경험을 하였다면, 하나님의 인이 당신 위에 쳐져 있습니다.

하나님은 자신 성령으로 당신에게 임하시고 이렇게 하여 자신의 소유로서 표시하셨습니다. 우리는 그리스도 예수 안에서 새로운 피조물이 될 때 경험하는 이 영광스런 경험을 우리는 너무나도 가벼이 여긴다는 생각이 들 때가 있습니다.

에베소서 1장 5절에 **"예정하사"** 라는 말씀이 있습니다만, 이 말씀은 인간은 맨 처음의 아담부터 육으로 태어나게 될 맨 마지막 사람에 이르기까지 누구도 하나님의 뜻 안에서 처음부터 예정되어 있었던 것을 분명히 가르쳐주고 있습니다.

모든 사람이 하나님의 계획과 하나님의 뜻 안에서, 하나님의 상속인이 되고, 자기의 독생자와의 공동 상속인이 되도록 미리 예정하셨습니다.

그러나 인류 모두가 하나님께서 예비해 주신 것을 받아들이는 것은 아닙니다. 모든 사람이 그리스도인이 된 것은 아닙니다. 모든 사람이 거듭난 것은 아닙니다. 하나님은 **"오래 참으사 아무도 멸망하지 아니하고 다 회개하기에 이르기를 원하시느니라"**(베드로후서 3:9)고 분명히 가르쳐 주고 있습니다.

하나님은 인간이 한 사람도 멸망하는 걸 바라시지 않습니다. 당신이 죄인이 되도록 하나님께서 원하셨던 적은 결코 없습니다. 당신이 지옥에 가는 것을 하나님께서 원하신 적은 결코 없습니다.

지옥은 인간들을 위해 창조된 것이 아니었습니다. 지옥은 타락한 천사들을 위해 만들어졌으며 결코 인간들을 위해 만들어 진 것이 아니었습니다.

하지만 조심하십시오! 인간은 도덕적인 면에서 자유로운 능력을 가진 채로 창조되었습니다. 나는 강요받은 적은 없습니다. 뭔가 쇠팔뚝 같은 것이 내 위에서 누르며 나를 강제로 행하게 하는 것은 없습니다.

나는 하루에 16시간 내지 18시간 일하는 것을 강요받지 않습니다. 나는 스스로 선택하여 그렇게 하고 있습니다. 복음을 전파하는 설교자가 되는 것 이외의 다른 직업을 선택하는 것도, 하려고 생각만 하면 할 수 있었습니다. 아마도 나는 훨씬 편안한 인생을 선택했을 것입니다. 그렇지만 나는 내 스스로 선택하여 지금 하는 일을 하고 있습니다. 내가 내 스스로 선택하여 그리스도인이 되었습니다. 내가 그리스도인이 된 것은 누군가로부터 혹은 뭔가의 힘으로 억지로 강요받은 것이 아닙니다. 또 내가 그리스도를 나의 개인적 구세주로서 선택하여 그리스도인으로서의 지금의 삶을 살고 있는 것도 억지로 강요받은 것이 아닙니다. 나는 도덕적 자유의지를 가진 사람으로서 내 자신의 의지를 소유한 자로서 태어났습니다.

즉, 이 세상의 누군가 다른 사람의 의지와는 분리된

별개의 의지이며, 하나님 자신의 의지와도 분리된 별개의 의지입니다. 그것과 전적으로 마찬가지로 예수님은 이 지상을 걸으셨을 때, 성부 하나님의 의지와는 분리된 별개의 의지를 가지고 계셨습니다. 예수님은 흡사 하나님이 아니신 것과 마찬가지로 되기까지, 인간과 동일했습니다.

어느 일요일 아침, 미주리 주 콘코디아의 조그마한 감리교회에서 나는 그리스도인이 될 것을 선택했습니다. 어느 누구도 나를 재촉하거나 나에게 압력을 가하지 않았습니다. 실제 그 교회원들 가운데, 거듭나는 것이 어떤 것인지 진실로 알고 있었던 사람은 극히 소수에 불과했습니다.

그러나 그 순간, 성령께서 내 마음에 말씀하시고, 불과 열네 살 소녀였던 나는 자신이 죄인임을 알았습니다. 나는 예수님이 나의 죄를 위한 구주이심을 알고, 나는 나의 전 생애에서 행했던 선택들 가운데 가장 위대하고 현명한 선택을 했던 것입니다. 나는 내 자신의 의지를 사용하여 예수님을 나의 구주로서 선택하였던 것입니다. 내가 했던 그 선택은 단 하루 동안만의 선택이 아니고, 6개월 동안의 선택도 아니며, 영원히 영원히 영원에 이르는 위대한 선택이었습니다.

하나님은 당신이 멸망당하는 걸 원하지 않습니다. 그분은 우리가 멸망당하는 것도 원하시지 않습니다. 그러나 사람은 누구라도 자신이 선택하지 않으면 안됩니다. 지옥 속에서 전능하신 하나님께 손가락질을 하며, 이렇게 말할 수 있는 사람은 결단코 한 사람도 없습니다.

"당신이 나를 이곳에 두기로 선택한 것이다. 내가 지금 여기에 있는 것은 당신이 나 대신에 그렇게 선택했기 때문이다"라고 말입니다.

사랑하는 여러분, 그렇지 않습니다. 당신이 거듭나는 것이 하나님의 뜻입니다. 하나님은 당신이 거듭나는 것을 미리 예정하셨지만 당신과 나는 그 용서를 받아들이든지, 그렇지 않으면 그 용서를 거부하든지, 둘 중 하나를 스스로 선택하지 않으면 안됩니다.

정확히 그것이야말로 바로 용서입니다. 예수님이 십자가 위에서 "다 이루었다"고 말씀하신 후 죽으셨을 때, 전 인류를 위한 용서가 완료되었습니다. 이 지상에서 당신이 해야 할 것은 그 용서를 받아들이는 것뿐이며, 하나님이 독생자 예수 그리스도를 통하여 가능케 해 주셨던 것을 당신이 받아들이는 순간, 어떤 일이 일어납니다. 놀라운 일이 일어납니다! 그것을 설명해 달라고요? 그것은 불가능합니다! 그러나 그것은 분명한 사건입니다.

성령은 삼위일체 하나님의 죄를 인정케 하는 권능이신 분입니다.

그분은 당신이 죄인임을 나타내 보여주시는 분입니다. 그것이 그분의 사역입니다. 당신이 자신의 죄를 용서해 주시는 구세주로서 그리스도를 영접하는 그 순간 전 인류의 창조자이신 하나님이 당신의 천부가 되시고, 당신은 하나님의 양자가 됩니다. 당신이 어느 나라 사람이든, 당신이 어떤 지위에 있는 사람이든, 전 인류에 공통으로 적용되는 것이 한 가지 있습니다. 한 분 공통의 창조자(one common creator)이신 전능하신 한 분 하나님이 계신다는 것입니다. 그렇지만 그분이 우리의 천부가 되실 수 있는 것은 우리가 자신의 구세주로서 하나님의 아들이신 예수 그리스도를 영접한 후의 일입니다. 그때 비로소, 그분은 우리의 천부가 되시는 것입니다. 당신이 그분의 양자로 입적되기까지는 위를 올려다보고 그분을 아버지라고 부를 수 없습니다. 그 이치를 올바로 깨달으십시오. 당신과 나는 스스로 누군가를 선택하여 그를 "아버지"라고 부를 수 없는 것입니다.

이처럼 우선 맨먼저 우리가 하나님의 양자가 되지 않으면, 위를 올려다보고 전능하신 하나님께 "아버지"라고 올바른 의미에서 부를 수 없는 것입니다.

요한 1서 3장 1절에 이렇게 기록되어 있습니다.

"보라 아버지께서 어떠한 사랑을 우리에게 베푸사 하나

님의 자녀라 일컬음을 받게 하셨는가"

우리가 지금 그와 같은 자가 된 것은 하나님 아버지의 양자가 되었기 때문입니다. 그렇지만 우리가 자신의 죄를 용서해 주시는 분으로서 하나님의 아들을 영접할 때까지는 하나님은 우리를 양자로 삼아주시지 않습니다. 하나님의 아들 예수 그리스도를 영접할 때, 비로소 우리는 하늘 가족(Heavenly Family)의 일원이 되는 것입니다.

그것은 정확히 그런 것입니다. 우리가 어떻게 살아야 할지 배울 수만 있다면 좋을텐데! 그리스도인이 되는 것이 얼마나 간단하고 단순하며, 또 자연스런 것인지를 여러분과 내가 이해할 수 있다면 좋을텐데… 천국의 가족은 지상의 가족과 닮았으며, 형제자매가 있고, 가장이신 하나님 아버지도 계십니다. 우리는 모두 하나의 몸입니다.

에베소서 1장 12절을 읽어보겠습니다.

"이는 우리가 그리스도 안에서 전부터 바라던 그의 영광의 찬송이 되게 하려 하심이라"

믿음에 대해서 많은 것이 언급되고 있습니다. 우리는 하나님께 대한 믿음을 많이 가지고 있지만, 아버지 하나님께서 자신의 독생자를 보내주셔서, 인간의 육(human Flesh)과 동일한 모습으로 태어나게 하셨을 때 나타내보이셨던 믿음만큼 큰 믿음은 지금까지 없었습니다. 그것이야말로 내가 알고 있는 것 가운데서 가장 최초의 그리고 가장 순수한 믿음의 모범입니다. 하나님이 직접 이 모범을 우리에게 제시해 주신 것입니다.

지금 내가 말씀드리는 것은 매우 중요합니다. 우리는 지금까지 거듭남에서 하나님과 아들 예수 그리스도의 사역을 숙고해 왔습니다만, 성령의 역할에 대해서 보기로 하겠습니다.

바울은 계속해서 13절을 기록하고 있습니다. 당신은 바울이 했던 그 말을 지금까지 몇 번이나 읽은 적이 있을지도 모르겠습니다만, **"약속의 성령으로 인치심을 받았으니"**라는 표현이 정말 어떤 의미인지를 그다지 잘 알지 못했던 것은 아닐까요?

이 진리의 말씀은 당신에게 주어진 말씀입니다. 당신에게 죄를 깨닫게 하시는 분은 성령님이셨습니다. 그리고 당신은 예수 그리스도를 자신의 구주로서 믿고 영접했습니다. 그리고 최후로 당신은 "약속의 성령으로 인치심을 받은 것"입니다. (14절)

즉, 하나님은 성령을 통하여 당신의 마음에 죄를 깨닫게 해주십니다. 당신은 하나님의 말씀을 진리로서 믿고 받아들입니다. 그리고나서 하나님은 성령의 인치심을 통하여 확증을 주시는 것입니다. 성경이 이렇게 말씀하고 있기 때문입니다.

"곧 너희의 구원의 복음을 듣고 그 안에서 또한 믿어 약속의 성령으로 인치심을 받았으니"

그러므로 성령의 인치심이란 그리스도를 믿는 자들을 의식적으로 받아들이는 것이며, 그들의 마음 중심에서 증거해 주시는 내주하시는 성령께서 은혜로서 확증해 주시는 것에 의해 행해지는 것입니다.

그것이 바로 당신이 확신하는 이유입니다! 그것이 바로 당신이 알고 있는 이유입니다! 그것이 **"성령이 친히 우리의 영과 더불어 우리가 하나님의 자녀인 것을 증언하시나니"**(로마서 8:16)라는 말씀의 의미입니다.

당신은 당신 자신이 거듭난 것을 어떻게 알 수 있습니까? 그것은 당신이 설명할 수 있는 것이 아닙니다. 그러므로 회의론자나 불신자들은 당신 안에서 일어난 일을 이해할 수 없습니다. 그 경험은 우리의 말로서는 설명할 수 없습니다. 그렇지만 성령께서 그것에 인을 쳐 주시는 순간, 하나님의 영(성령)은 우리 영과 함께 우리가 죽음에서 생명으로 옮기워졌음과 또 우리가 하나님 아버지의 양자가 되고, 그리스도의 몸 안에 태어났음을 증거해 주시는 것입니다.

우리는 자기 스스로 분명히 분명히 분명히 압니다! 어떻게 알 수 있을까요? 나는 이 세상의 다른 어떤 것보다도 분명하게 나의 회심에 대해서 확신하고 있다고 밖에 말할 수 없습니다.

여러분과 내가 자신은 하나님으로부터 매우 축복받고 있다고 느끼고 이미 이 지상에서 우리의 구속은 완성되었다고 하는 인상을 가지는 경우가 있을지 모르지만, 그렇지는 않습니다. 우리는 지금 상속하는 것의 보증금(down payment)밖에 받고 있지 않습니다. 이러한 놀라운 것들 – 즉 마음과 혼의 평안, 하나님 아버지께서 자기 자녀들에게 주시는 놀라운 기쁨, 삶이 아무리 불확실할지라도 하나님께서 가까이 계셔 주신다는 확신 등 – 은 영원히 소유하게 될 것들의 보증금에 지나지 않습니다.

당신은 하나님 축복의 절정에 달했다고 느끼고 있을지도 모릅니다. 그렇지만, 당신이 어떤 경험을 한 적이 있다고 해도 당신이 육신 안에 있는 동안 경험한 것은 보증금에 불과합니다. 왜냐하면 당신의 구속은 완성되지 않았고, 당신이 하나님의 영광스러운 임재 앞에 서서 죽을 것이 죽지 않을 것을 입기까지는 당신이 모든 것을 받은 것이 아니기 때문입니다.

우리가 썩어가는 이 죽을 육체 안에 있는 한, 완벽하고 궁극적인 것이 무엇이 있을 수 있을까요? 우리는 지금도 여전히 고통을 경험하고 있습니다. 이 인생에는 괴로움, 늙음 그리고 헤아릴 수 없을 정도로 다양한 문제거리들이 존재하고 있습니다. 우리는 마음을 고통스럽게 하는 문제와 사건들과 계속해서 직면하며, 눈물을 흘릴 때도 있습니다. 그러므로 이것이 궁극적인 것일 리가 없으며, 이것이 완성된 것일 리가 없습니다.

따라서 내가 지금 말씀드리는 이러한 것들 - 즉 마음의 평안, 안심, 기쁨, 자기는 영원하신 분께 속하였다는 확신 등 - 은 "보증금(down payment)"에 지나지 않습니다.

그렇지만 언젠가 이 죽을 것이 죽지 않을 것을 입을 때, 지금은 썩어가는 것이 썩지 않을 것을 입을 때, 더 이상 눈물은 없어지고 더 이상 문제는 없어지며 더 이상 괴로움은 없어지게 되는 것입니다. 우리는 고통도 유혹도 더 이상 알지 못하게 될 것입니다. 오늘날 우리는 믿음으로 "보고" 있습니다. 장래 우리가 예수님과 얼굴과 얼굴을 마주보며 대할 때, 우리의 구속은 완성되고, 주님의 몸을 닮은 온전한 몸으로 될 것입니다.

내가 지금까지 말씀드린 것을 고려하면서 다시 한 번 13절과 14절을 읽어봅시다. 당신은 하나님의 말씀 중 이 부분을 지금까지 일천번을 읽었을지라도 이 말씀의 진정한 영적인 의미를 몰랐을지도 모릅니다. 기억해 주십시오. 이러한 말씀은 신자들에게 하신 말씀입니다.

"이는 우리가 그리스도 안에서 전부터 바라던 그의 영광의 찬송이 되게 하려 하심이라. 그 안에서 너희도 진리의

말씀 곧 너희의 구원의 복음을 듣고 그 안에서 또한 믿어 약속의 성령으로 인치심을 받았으니"

그리스도께서 십자가 위에서 죽으시고 무덤에서 부활하신 것에 의해 모든 것(whole things)이 구속되고 대가는 지불되었습니다.

"구속된 것(purchased possession)"에 대해서 저당잡혀 있는 것은 아무것도 없습니다. 이 지상에서는 이율이 아무리 변할지라도 주식시장에 무슨 일이 일어날지라도 그리스도 안에서 우리가 상속하는 것은 완전히 매입되었으며, 모든 값이 치루어졌습니다.

그러나 얼마나 많은 하나님의 백성들이 불평과 탄식을 토해내며 사람의 험담을 하고 패배의 삶을 살아가고 있는지요! 만일 당신이 그런 사람들 중의 한명이라면 자신을 부끄럽게 생각하십시오!

그런 행동들을 해서 도대체 어떻게 하나님의 영광이 칭송받게 되겠습니까? 당신은 거지같은 삶을 살아왔습니다. 당신은 거지같은 처신으로 행동해 왔습니다. 당신은 대부분의 시간, 자신을 거지처럼 느껴왔습니다.

당신은 당신 자신이 누구인지 알고 있습니까? 당신이 상속받은 것들을 주장하기 시작하십시오. 당신은 부유합니다! 당신의 죄가 용서받고, 당신이 거듭나 있으며, 그 사실을 알고 있다면 하나님께서 당신의 천부가 되셨습니다. 당신은 하나님의 양자가 되었으며, 이 사실에 대해서 성령께서는 자신의 인을 쳐주셨습니다. 당신은 약속의 성령으로 인치심을 받았습니다. 그리고 하나님의 성령은 당신의 영과 함께 당신이 사망에서 생명으로 옮겨진 것을 증거하고 계십니다.

중요한 사실을 기억하십시오.

삼위일체는 세 인격(three persons)으로 구성되어 있습니다. 성부와 성자와 성령입니다. 당신의 거듭남의 경험에 대해서 이 세 위격이 역사하십니다. 제각기 서로 다른 사역으로 당신을 다루시고 서로 다른 역할을 하십니다. 게다가 이 세 위격은 완전한 조화와 완전한 일치 가운데 하나로서 기능합니다.

성부 하나님은 언제나 모든 축복의 근원입니다. 성부는 모든 선함과 완전한 은사를 주시는 분입니다. 나는 그분을 "큰 어른(Big Boss)"처럼 생각하는 것을 좋아합니다.

하나님의 아들이신 예수님은 대리인(agent)이시며 모든 것은 예수님을 통하여 주어지게 됩니다. 예수님은 통로(channel)이시며 영원한 생명은 그분을 통하여 우리에게 주어졌습니다. 예수님은 언제나 통로로서 또 대리인으로서 계십니다.

그리고 성부 하나님은 언제나 모든 축복의 근원으로

서 모든 선함과 완전한 은사를 주시는 분으로서 계시는 것입니다.

　이젠 성령님께로 왔습니다. 성령은 삼위일체의 권능이신 분입니다. 여러분들 중 많은 사람들이 잘 알고 계시듯이 성부 하나님은 모든 축복의 근원이시며, 우리에게 모든 것을 가능케 해주시는 분은 예수님입니다.
　그렇지만 성령은 삼위일체의 권능이신 분이라는 사실을 여러분은 간과하고 있었을지도 모르겠습니다. 그러므로 우리가 개최하는 기적의 집회에 참석하는 대부분의 사람은 자기 자리에 앉아있는 동안에 치유받게 됩니다. 성령께서 임재하실 때, 왜 내가 그들에게 안수해야 할 필요가 있는 걸까요? 성령은 삼위일체의 권능이신 분이시며, 그분의 임재하심 전체가 병든 몸을 치유하시는 것입니다. 왜냐하면 그사람은 성령의 임재 안에 앉아있기 때문입니다.
　그분은 권능이십니다! 인간들은 성령님의 그러한 권능을 제한하려고 해 왔습니다. 그런 짓을 해서는 안됩니다!
　성부 하나님은 주시는 분이십니다. 예수님은 역사를 행하시는 분입니다. 그리고 성령님은 그 능력을 공급해주시는 분입니다.
　언제나 기억하십시오. 성부 하나님이 인격을 가지고

계시며, 예수 그리스도께서도 인격을 가지고 계시는 것과 완전히 동일하게 성령님도 인격을 가지고 계신 분이십니다.

하나님이 선택하시고 예수 그리스도께서 주선하시지만(procure), 살리시는(quicken) 분은 성령님이십니다.

결코 잊지 마십시오. 믿는 자들만이 약속의 성령으로 인치심을 받습니다. 우리는 하나님께 소유된 자들입니다. 우리는 하나님의 양자이며, 하나님의 자녀로서 모든 특권을 행사할 권리가 주어져 있습니다.

"보라 아버지께서 어떠한 사랑을 우리에게 베푸사 하나님의 자녀라 일컬음을 얻게 하셨는가"(요한1서 3:1)

우리가 지금 바로 그런 자들입니다! 하나님의 말씀은 말씀합니다.

로마서 8장 15~16절에서도 말씀합니다.

"너희는 다시 무서워하는 종의 영을 받지 아니하고 양자의 영을 받았으므로 아빠 아버지라고 부르짖느니라. 성령이 친히 우리의 영과 더불어 우리가 하나님의 자녀인 것을 증언하시나니"

우리가 인치심을 받은 것은 우리가 그분 안에 있기 때문입니다.

우리는 우리 자신의 어떤 장점(merit) 때문에 인치심을 받은 것이 아닙니다. 우리가 인치심을 받은 것은 예수님께서 행하여 주신 것 때문이며, 예수님께서 우리를 위해 행하신 것을 우리가 받아 들였기 때문입니다.
　이와 같이 성령께서 인치신 것은 우리가 그리스도 안에 있기 때문입니다.

　자 마지막 결론으로 나아가 봅시다.
　이 인치심이란 무엇입니까?
　첫 번째로 그것은 어떤 감정이 아닙니다. 여러분이 잘못된 환상에 사로잡히지 않도록 알기 쉽게 설명해 드리겠습니다. 반복하여 말씀드립니다만, 그것은 어떤 감정이 아닙니다. 그러면 이 인치심이란 어떤 것일까요? 그것은 믿는 신자들이 그리스도 안에서 완전히 받아들인 것을 신자들 안에서 증거하시는 성령의 임재입니다.

　마지막으로 여러분에게 예수 그리스도에 관한 질문을 드리겠습니다. 여러분은 나에게 대답할 필요는 없지만 예수 그리스도께 대답할 필요가 있습니다. 여러분은 아직 자신의 삶을 주님께 헌신하지 않았음을 알고 있다면, 시간을 끌지 말고 지금 바로 자신을 완전히 헌신하는 것이 어떻겠습니까? 예수 그리스도를 당신의 인생의 주인으로서 영접하기를 결단하고 결코 후회하지 않을 것입니다.

예수 그리스도는 하나님의 아들입니까? 우리도 또한 양자됨으로 인해 그렇습니다.

예수 그리스도는 하나님께서 가장 사랑하시는 아들입니까? 우리도 그리스도께서 우리를 위해 해 주신 것에 의해, 그리고 그리스도를 영접함으로 인해 하나님께서 가장 사랑하는 자녀들입니다.

예수 그리스도는 의로우신 분입니까? 우리도 예수 그리스도 안에서 의로운 자들입니다. 우리 가운데 어느 누구도 자기 스스로 완벽한 자는 없습니다. 만일 당신이 자기 스스로 완벽해질 수 있다고 느끼고 있다면 당신은 착각에 빠져 있는 것입니다. 우리들 중 어느 누구도 전혀 오류없는 확실한 자는 한 사람도 없습니다.

예수 그리스도는 흠이 없으신 분입니까? 우리도 예수 그리스도 안에서는 그렇습니다. 왜냐하면 아버지 하나님은 친히 자기의 거룩하고 의로우신 아들을 통하여 보시고 우리를 거룩하고 의로운 자로서 보시기 때문입니다.

그것은 우리 자신의 완전함이 아닙니다. 우리 아버지 하나님은 통로 또는 관(channel)이신 예수님을 통하여 우리를 거룩하고 의로운 자로서 보시고 계시는 것입니다. 하나님은 자신의 독생자의 완전하심을 통하여 우리를 보시고 계십니다. 우리는 하나님의 양자가 된 자라서 하나님 아버지의 눈에 받아들여질 수 있는 거룩하고 완전한 자로 투영되고 있는 것입니다.

그렇지만 그것은 우리의 완전함이 아니고 예수님의 완전함이라는 사실을 결코 간과해서는 안됩니다!

예수 그리스도는 죽은 자들 가운데서 살아나셨습니까? 우리도 예수 그리스도 안에서 그렇습니다.

그분은 하나님께 받아들여졌습니까? 우리도 그분 안에서 그렇습니다.

그분은 거룩하신 분입니까? 우리도 그분 안에서 그렇습니다.

"주께서 그러하심과 같이 우리도 이 세상에서 그러하니라" (요한1서 4:17)

우리는 하나님의 상속인이며 그리스도 예수와 공동 상속인입니다!

당신은 자신이 어떤 자인지를 결코 잊어서는 안됩니다!

제 11 장
세 가지의 부활

1. 이스라엘 국가의 부활

이 세상의 무엇보다도 내가 기도하고 있는 것은, 이 메시지들에 의해서 여러분이 지금까지 이상으로 성령을 깊이 알고, 제가 전하는 메시지로 인해 여러분이 자신의 구원에 대한 인식을 새롭게 하고 하나님의 말씀을 한층 더 잘 이해하게 되는 것입니다.

하나님의 말씀은 세 가지의 서로 다른 부활에 대해서 분명하게 언급하고 있습니다. 즉 국가의 부활, 영적인 부활, 그리고 매우 중요한 몸의 부활입니다.

이 세 가지 부활 중, 먼저 국가의 부활로부터 시작하기로 하겠습니다. 물론 국가는 이스라엘을 의미합니다. 만일 유대국가 이외의 나라의 장래에 대해서 논한다고 하면 나는 그렇게 할 생각이었습니다. 왜냐하면 그것은 아마도 그렇게 될 것이다라고 하는 전망에 기초한 추측이 되어버리고 예견할 수 없는 환경에 의해서 매우 가변적이기 때문입니다. 그렇지만 유대 국가는 그렇지 않습니다. 역사가이신 성령께서 이 나라의 과거를 기록해 오셨을 뿐만 아니라, 이 나라의 장래의 모습도 묘사해 주시고 있기 때문입니다. 그러므로 여러분과 내가 유대인의 장래를 예측하려고 하는 것은 결코 허무하고 무익한 추측이 되지 않습니다. 우리가 해야 할 것은 성령께서 선지자들을 통하여 미리 말씀하셨던 유대인들의 장래와 이스라엘 나라의 장래를 전체적으로 이해하여 정리하는 것 뿐입니다.

그 결과가 확실함과 동시에 그 방법도 단순합니다.

여러분, 우리가 살고 있는 이 시대에서 유대인에 관한 예언이 성취되는 것을 우리는 보아 왔습니다. 1948년 5월 16일. 이스라엘은 확립된 국가가 되고, 전 세계로부터 인정받았습니다. 이것은 2500년이나 전에 선포되었던 예언의 성취였습니다. 그러므로 나는 언제나 말씀드리지만, 하나님의 말씀은 내일 아침 조간 신문이나 오늘 저녁의 세계정세를 해설하는 해설자보다도 더욱 앞에서 나아가시며, 정보에서도 풍부합니다. 하나님은 유대민족이 국가로서 부활하게 될 것에 관해 친히 하신 말씀 가운데 있는 약속을 지켜 오셨습니다. 그러므로 우리는 남자들과 여자들을 불문한 인간의 영적인 부활과 육체의 부활에 관해서도 하나님은 자신의 약속을 지키신다고 하나님을 신뢰할 수 있습니다.

"오라 우리가 여호와께로 돌아가자. 여호와께서 우리를 찢으셨으나 도로 낫게 하실 것이요 우리를 치셨으나 싸매어 주실 것임이라. 여호와께서 이틀 후에 우리를 살리시며 셋째 날에 우리를 일으키시리니 우리가 그의 앞에서 살리라" (호세아 6:1~2)

이 말씀중에 **"이틀 후에 우리를 살리시며 삼일 후에 우리를 일으키시리니"** 라고 말씀하십니다. 이것은 실로 놀랄만한 말씀입니다. 왜인지 아시겠습니까? 왜냐하면 오늘날 이야말로 그리고 이 세대야말로 바로 이 부분의 하나님 말씀이 성취되고 있는 때이기 때문입니다. 그것은 진실로 우리 눈 앞에서 실현되고 있습니다.

그 말씀의 앞부분에는 주목해야 할 것이 몇 가지 있습니다.

첫 번째로 선지자의 이 말씀은 분명히 유대인과 12부족 전체에 대해 말해진 것임을 문맥으로 보아서 알 수 있습니다. 호세아서 6장은 회개의 촉구로서 시작되고 있지만, 그것은 누군가 개인의 회개가 아니고, 지금까지 주님으로부터 얻어맞고 찢어진 한 나라의 회개에 대해 촉구하는 외침입니다. 그것은 묘지 안에 죽어 있는 사람들의 외침이 아니고, 또 여기서 언급하는 치유는 죽은 자의 부활을 지칭하는 것도 아닙니다. 그것은 이 마지막 시대에 남겨진 사람들의 음성입니다.

이 첫절의 마지막 말은 "싸맨다(blinding)"로 되어 있는데 이것은 이 선지자가 예언하고 있는 12부족 전체(이스라엘과 유다)가 결집하고 그들의 땅에서 다시금 하나의 국가로서 결속하는 것을 나타내고 있습니다.

"우리를 다시 살리시며"라는 표현은 육체의 죽음으로부터의 부활이 아닙니다. 여기에서 "다시 살린다"는 말은 몸의 부활이 아니라, 영적인 부활(사람들이 구원받는 것)이라고 하는 종교적 각성 또는 부흥(Revival)을 의미하는 것으로서 사용되고 있기 때문입니다. 웹스터 사전에서는 "다시 살린다"는 말은 "쇠퇴 후에 번영하는 것, 건강과 활력을 되찾는 것, 쓰임받게 되거나 주의를 끄게 되는 것"으로 정의되어 있습니다.

호세아서 6장 1~2절 전체 중에서 우리가 가장 주목해야 할 것은 그 리바이벌의 때입니다. 이 부분은 이 리바이벌이 오는 것은 "2일 후"라고 말씀하고 있습니다. 이 "2일간"이란 문자적으로 하루를 24시간으로 하는 "2일간"이 아닌 것은 분명합니다.

그런 "2일"보다는 훨씬 긴 시간이 이미 지난 시점에 와 있습니다. 이러한 말씀은 주전 780년 경에 이 선지들에 의해서 예언되었습니다. 즉, 지금부터 대략 2700년 전입니다. 그러므로 여기서 이러한 "날들(days)"은 **"주께는 하루가 천 년같고"**(베드로후서 3:8) 라는 말씀을 근거로 척도를 삼아서 해석해야 합니다. 성경을 펴서 이 부분을 직접 읽어 보십시오.

이 척도를 사용하여 계산하면 이스라엘은 이제, 이스라엘이 주님으로부터 거부(rejection)된 지 세 번째 천년 안에 있음을 알게 됩니다. 그리고 유대인이 다시금 모아지고 전세계 여러 나라들로부터 하나의 국가로서 인정받은 것은 우리가 살고 있는 바로 이 시대입니다.

선지자 예레미야가 예레미야 30장 10~11절에서 말하는 내용을 살펴봅시다.

"여호와의 말씀이니라. 그러므로 나의 종 야곱아, 너는 두려워하지 말라. 이스라엘아, 놀라지 말라. 내가 너를 먼 곳으로부터 구원하고 네 자손을 잡혀가 있는 땅에서 구원하리니 야곱이 돌아와서 태평과 안락을 누릴 것이며 두렵게 할 자가 없으리라. 이는 여호와의 말씀이라. 내가 너와 함께 있어 너를 구원할 것이라. 너를 흩었던 그 모든 이방을 내가 멸망시키리라. 그럴지라도 너만은 멸망시키지 아니하리라"

아모스도 이 주제를 언급하고 있습니다.

"**내가 내 백성 이스라엘이 사로잡힌 것을 돌이키리니 그들이 황폐한 성읍을 건축하여 거주하며 포도원들을 가꾸고 그 포도주를 마시며 과원들을 만들고 그 열매를 먹으리라. 내가 그들을 그들의 땅에 심으리니 그들이 내가 준 땅에서 다시 뽑히지 아니하리라. 네 하나님 여호와의 말씀이니라**"(아모스 9:14~15)

당신은 이 약속을 읽고 이 예언은 이스라엘의 바벨론의 포로된 경험으로부터 회복한 시대에 성취된 말씀이라고 믿을지도 모르겠습니다. 그러나 그렇지 않습니다. 왜냐하면 유대인은 그후 그들의 땅에서 쫓겨났기 때문입니다. 아모스의 이 약속은 "**저희가 나의 준 땅에서 다시 뽑히지 아니하리라**"는 말씀을 분명히 언급하고 있습니다. 그러므로 분명하게 여기서 말씀하신 것은 그것보다 장래의 회복을 의미하며, 그것은 분명히 지금 우리 시대에 회복되었습니다.

좀더 나아가서 에스겔 37장을 읽어봅시다. 여기에서도 전혀 동일한 광경을 묘사하고 있습니다.

"**여호와께서 권능으로 내게 임재하시고 그의 영으로 나를 데리고 가서 골짜기 가운데 두셨는데 거기 뼈가 가득하더라**"(에스겔 37:1)

이 말씀을 영적으로 해석하여 이 마른뼈가 가득한 골짜기를 교회의 의자에 앉아있는 영적으로 죽어있는 교회원을 빗대는 이야기를 나는 지금까지 몇번이나 들은 적이 있습니다. 매주 일요일 아침, 교회의 좌석에 많은 죽어있는 뼈들이 있다는 것을 나는 잘 알고 있습니다. 그렇지만 계속 읽어가다 보면 에스겔서에 있는 뼈에는 육이 붙어있음을 알 수 있습니다. 그리고 이 하나님의 말씀이 말씀하시는 것은 영적으로 죽어있는 교회원들에 대해서가 아니라는 것을 알게 됩니다.

이 말씀은 이스라엘의 회복을 말하고 있으며, 이스라엘의 집안 전체(whole family of Israel)라는 뼈가 언젠가 소생하게 된다는 것을 의미하고 있습니다! 무덤(12절)이란 이스라엘 백성들이 살고 있는 나라들입니다.

3절 부터 읽어보십시오.

"그가 내게 이르시되 인자야 이 뼈들이 능히 살 수 있겠느냐"

대대에 걸쳐서 전세계의 남녀들이 이 예언이 과연 성취될 수 있을까 라던가, 지상의 각지에 수세기 동안이나 흩어져 있던 유대인들이 다시 하나의 국가로서 회복된다는 것이 과연 있을 수 있을까 하고 생각해 왔습니다. 사람들은 이렇게 하여 "이 뼈들이 능히 살 수 있을까"하고 의문을 품어왔던 것입니다.

"그가 내게 이르시되 인자야 이 뼈들이 능히 살 수 있겠느냐 하시기로 내가 대답하되 주 여호와여 주께서 아시나이다. 또 내게 이르시되 너는 이 모든 뼈에게 대언하여 이르기를 너희 마른 뼈들아 여호와의 말씀을 들을지어다. 주 여호와께서 이 뼈들에게 이같이 말씀하시기를 내가 생기를 너희에게 들어가게 하리니 너희가 살아나리라. 너희 위에 힘줄을 두고 살을 입히고 가죽으로 덮고 너희 속에 생기를 넣으리니 너희가 살아나리라. 또 내가 여호와인 줄 알리라 하셨다 하라"(에스겔 37:3~6)

11절 말씀에 주의하십시오.
"또 내게 이르시되 인자야 이 뼈들은 이스라엘 온 족속이라 그들이 이르기를 우리의 뼈들이 말랐고 우리의 소망이 없어졌으니 우리는 다 멸절되었다 하느니라"

하나님의 말씀은 진실이며 여기에 첫 번째의 부활, 이스라엘 국가의 부활이 있습니다.
"그러므로 너는 대언하여 그들에게 이르기를 주 여호와께서 이같이 말씀하시기를 내 백성들아 내가 너희 무덤을 열고 너희로 거기에서 나오게 하고 이스라엘 땅으로 들어가게 하리라"(12절)

이 영광스러운 이스라엘 국가의 부활은 우리 시대에

성취되었습니다. 우리는 이 이스라엘 국가의 부활을 보아왔지만, 그것과 마찬가지로 확실하게 두 번째의 부활인 영적인 부활과 세 번째의 부활인 몸의 부활을 경험하게 될 것입니다. 하나님은 자신의 말씀에 충실하신 분이십니다!

2. 영적 부활 (The Spiritual Resurrection)

죽음은 존재하지 않습니다.

강력한 돌풍이 참나무 사이를 쓸고 지나갔습니다. 도토리 한 알이 땅바닥에 떨어져 그 튼튼한 참나무는 고통스럽게 흐느끼며 이렇게 말했습니다.

"내 아들을 빼앗겨 버렸다. 내 아들아. 내 아들아!"

그 도토리는 낙엽 사이에 파묻혀 버렸습니다. 학생들이 그 위를 즐겁게 걸어갔습니다. 비가 내렸습니다. 그렇지만 그 어머니 참나무 가지에 강한 바람이 몰아닥칠 때마다, 그녀의 탄식소리가 들려왔습니다.

어느날 나무꾼이 튼튼한 톱을 가지고 왔습니다. 그 어머니 참나무는 땅에 쓰러지고 공장으로 운반되어가서 톱으로 절단되어 목재가 되어 여러집의 마루로 깔렸습니다. 전에는 소풍왔던 사람들이 그 튼튼한 참나무 그늘에 앉아서 어린이들이 그 낙엽을 밟고 놀았던 적도 있었습니다. 전에는 가을이 되면 아름다운 감성의 소유자들이 많이 와서 그 아름다운 홍엽의 참나무를 보고 황홀감으로 넋을 잃어버린듯 한 모습을 하고 있기도 했습니다.

오랜 세월이 흘렀습니다. 그 참나무는 잊혀졌습니다. 내가 『잊혀졌다』고 말했습니까? 하지만 하늘 아버지에 의해서 잊혀지는 경우는 없습니다. 하나님은 결코 잊으시지 않기 때문입니다. 그 어린 도토리는 땅 속에 안전하게 숨겨져 있었습니다.

그 안의 새로운 생명이 껍질을 깨뜨렸습니다. 뿌리가 나와서 땅 속으로 깊이 깊이 뻗어가서 잎이 지상으로 나타나고, 이윽고 그 어린 참나무는 건강한 나무가 되고 튼실한 참나무가 되어서 강하고 씩씩하게 서서 가지를 점점 높이 뻗어 드디어 멀리까지 뻗었으며 뿌리도 더 더욱 깊이 내려서 그 튼튼한 줄기와 넓게 뻗은 큰 가지를 견고하고 확실하게 고정했습니다. 죽음은 존재하지 않습니다. 그렇습니다. 죽음은 존재하지 않습니다. 나의 친구 여러분, 죽음은 전혀 없습니다.

두 번째 부활인 영적 부활을 공부함에 있어, 두 곳의 말씀을 보기로 하겠습니다.

"니고데모가 이르되 사람이 늙으면 어떻게 날 수 있사옵나이까 두 번째 모태에 들어갔다가 날 수 있사옵나이까 예수께서 대답하시되 진실로 진실로 네게 이르노니 사람이

물과 성령으로 나지 아니하면 하나님 나라에 들어갈 수 없느니라. 육으로 난 것은 육이요, 영으로 난 것은 영이니 내가 네게 거듭나야 하겠다 하는 말을 놀랍게 여기지 말라 바람이 임의로 불매 네가 그 소리는 들어도 어디서 와서 어디로 가는지 알지 못하나니 성령으로 난 사람도 다 그러하니라. 니고데모가 대답하여 이르되 어찌 그러한 일이 있을 수 있나이까 예수께서 그에게 대답하여 이르시되 너는 이스라엘의 선생으로서 이러한 것들을 알지 못하느냐 진실로 진실로 네게 이르노니 우리는 아는 것을 말하고 본 것을 증언하노라 그러나 너희가 우리의 증언을 받지 아니하는도다 내가 땅의 일을 말하여도 너희가 믿지 아니하거든 하물며 하늘의 일을 말하면 어떻게 믿겠느냐. 하늘에서 내려온 자 곧 인자 외에는 하늘에 올라간 자가 없느니라. 모세가 광야에서 뱀을 든 것 같이 인자도 들려야 하리니 이는 그를 믿는 자마다 영생을 얻게 하려 하심이니라" (요한복음 3:4~15)

"그는 허물과 죄로 죽었던 너희를 살리셨도다. 너희가 은혜로 구원을 받은 것이라. 또 함께 일으키사 그리스도 예수 안에서 함께 하늘에 앉히시니" (에베소서 2:1, 5, 6)

"살리심(to quicken)"이란 생명을 준다는 의미입니다. 우리가 죽어있다면 생명이 필요합니다. 그리고 그것이야말로 진실로 사람이 그리스도를 자신의 구주로서 영접할 때, 주어지는 것입니다. 하나님은 옛 생명(old life)에 헝겊조각을 갖다대지 않습니다. 사람이 거듭날 때, 하나님은 새로운 생명을 주십니다.

요한복음에 이렇게 기록되어 있습니다.

"육으로 난 것은 육이니"

이것은 첫 번째 탄생인데 인간이라면 어느 누구라도 경험하는 이 세상으로의 탄생입니다. 그러나 또 하나 제2의 탄생이 있습니다.

"영으로 난 것은 영이니"

주님은 니고데모에게 "네가 거듭나야 하겠다"고 말씀하셨지만 "어떻게" 인지는 니고데모에게 설명하시지 않으셨는데, 이 과정은 신비로운 것이기 때문입니다.

우리는 바람이 불면 그 소리가 들리는 것을 압니다. 그렇지만 그 바람이 어디서 불어오며 어디로 가는지는 아무도 알지 못합니다.

니고데모가 "어떻게 날 수 있삽나이까"하고 질문했을 때, 그리스도는 그것이 달성되기 위한 방법을 그에게 제시하여 대답하셨을 뿐입니다.

"모세가 광야에서 뱀을 든 것 같이 인자도 들려야 하리니 이는 그를 믿는자마다 영생을 얻게 하려 하심이니라"

우리는 죽은 후에 영원한 생명을 받기를 기다리고 있는 것이 아닙니다. 우리는 새로 태어나는 바로 그 순간 영생을 받습니다. 한 사람의 영혼이 거듭날 때마다 죽음에서 생명으로 옮기는 것, 즉 영적 부활이 있습니다. 그것은 지금 이 지상에서 일어납니다!

바울이 에베소 교인들에게 보낸 편지 중에서 우리는 이런 말씀을 읽게 됩니다.

"또 함께 일으키사 그리스도 예수 안에서 함께 하늘에 앉히시니"

하나님은 우리를 구원하신 후 우리를 이전의 진흙탕 같은 삶 속에 그대로 놓아두시지 않습니다. 한 사람 한 사람의 신자는 살아나고 생명이 주어져 있을 뿐만 아니라, 들리워져 있습니다.

살리는 것은 죄인의 죽은 혼에 새로운 생명을 나누어 주는 것을 가리킵니다. 들어올리는 것은 그 사람이 들어가게 되는 새로운 영역이나 그 사람이 들리워지는 새로운 영역을 말하고 있습니다.

구원받은 사람은 이미 사단의 영역이나 그의 지배 아래 있지 않습니다. 그 사람은 이미 이세상의 흐름을 따라 살아가는 것이 아닙니다. 거듭난 사람은 하나님의 사랑하는 아들의 나라로 옮겨져 있으며, 부활하신 주님의 다스리심 아래 있습니다.

이것은 나사로의 경우(요한복음 11장)에서 예증되어 있습니다.

나사로는 거듭났을 뿐만 아니라, 죽은 자들의 영역에서 들리워져 있었습니다. 그는 무덤에서 나왔습니다. 그가 매장되어 있을 때 입고 있던 옷은 벗겨지고 그 무덤의 냄새조차도 소멸되었다고 나는 믿습니다. 그는 살아 있는 사람들과 함께 있는 장소를 자신의 거처로 했습니다.

예수님이 인간의 마음 속에 역사하셔서 그것에 생명을 주실 때도 동일합니다. 예수님은 **"그를 풀어놓아 다니게 하라"**고 말씀하십니다. 그 사람은 자유케 하라고 말씀하십니다.

그 사람은 죽어있었지만 지금은 살아있습니다. 그는 살아있습니다. 그 사람을 해방하고, 그를 자유케 하라!라고 말씀하십니다.

그리스도 안에 영적 부활이 있으며, 그리스도는 우리를 죽음에서 해방시켜 주십니다.

좀더 나아가서 에베소서 5장 14절을 펴봅시다.
"잠자는 자여, 깨어서 죽은 자들 가운데서 일어나라 그리스도께서 너에게 비추이시리라 하셨느니라"

바울은 여기에서 육신의 몸을 말하고 있는 것입니까?

아닙니다. 그는 혼(soul)을 언급하고 있으며, 영적 부활을 말하고 있습니다. 또 그는 로마서 6장 11절에서 이렇게 말합니다.

"이와 같이 너희도 너희 자신을 죄에 대하여는 죽은 자요 그리스도 예수 안에서 하나님께 대하여는 살아 있는 자로 여길지어다"

이러한 성경구절에서 언급되는 부활은 영적인 부활이며 현재 끊임없이 계속되고 있는 부활입니다. 한 사람의 혼(soul)이 거듭날 때마다 죽음에서 생명으로 옮겨지는 영적 부활이 생겨나는 것입니다. 영적 부활에 관하여 가장 의미깊고 중요한 말씀 중의 하나는 요한복음 5장 24절에 있습니다. 하늘과 땅에서 최고의 권위자이신 예수님께서 이렇게 말씀하십니다.

"내가 진실로 진실로 너희에게 이르노니 내 말을 듣고 또 나 보내신 이를 믿는 자는 영생을 얻었고 심판에 이르지 아니하나니 사망에서 생명으로 옮겼느니라"

나는 이 **"진실로 진실로"**라고 하는 말을 보면, 뭔가 매우 중요한 것이 그 뒤에 있다는 것을 금방 알 수 있습니다. 말씀하시는 분이 누구인지 생각해 보십시오. 예수님 자신입니다. 그분은 자신의 말씀을 듣고 믿는 사람은 지금 영원한 생명을 가지고 있다고 우리에게 말씀하시는 것입니다.

우리는 죽은 후에 영원한 생명을 가질 것을 기다릴 필요는 없습니다. 그것은 지금입니다! 지금 이 시간, 지금 이 순간입니다.

남자든 여자든 거듭나지 않은 사람, 죽음에서 생명으로 옮기워져 있지 않은 사람, 거듭난 경험에 참여하지 못한 사람, 그리스도를 자신의 구주로서 영접하지 않았는 사람은 누구라도(육체에 생명이 있어도) 자신의 죄 가운데서 죽은 채로 걷고 있는 것입니다. 내게 분노하지 마십시오! 저와 논쟁하려 들지 말아주십시오. 나는 단지 당신에게 하나님의 말씀을 전하고 있을 뿐이며, 하나님의 말씀과 논쟁을 하려드는 남자와 여자들이야말로 어리석은 자들입니다.

당신은 자신이 있는 환경이나 공동체 가운데서 가장 중요한 인물일지도 모릅니다. 당신은 불타는 듯한 에너지를 가지 활기찬 사람일지도 모릅니다. 그렇지만 만일 당신이 그리스도를 자신의 구주로서 영접한 적이 없다면, 만일 당신이 거듭나지 않았다면 당신은 자신의 죄와 범법행위(trespass) 가운데 죽어있는 것입니다.

그러나 당신이 그리스도를 구주로 영접하는 바로 그 순간, 당신은 죽음에서 생명으로 옮겨지고, 그리스도 안에 있는 새로운 영역으로 들리워 올라가게 됩니다. 나의 친구들이여, 그것이 바로 영적인 부활입니다.

3. 몸의 부활 Ⅰ

이때까지 우리는 이스라엘 국가의 부활에 관해 배웠습니다. 또 영적인 부활에 관한 말씀을 세밀히 살펴보았습니다. 그것은 거듭나는 것, 죽음에서 생명으로 옮기는 것에 관계되어 있었습니다.

우리는 세 번째 부활인 몸의 부활을 살펴 보기로 하겠습니다.

중요한 것은 이해하셔야 합니다. 인간은 육체와 혼과 영으로 구성된 삼위일체인 것을 우리는 알고 있습니다. 누군가 인간의 영, 혹은 혼이 죽는다고는 일순간만이라도 생각해서는 안됩니다. 그것은 죽지 않습니다. 육체에 죽음이 올 때, 그 사람이 거듭난 하나님의 자녀라면 영은 그것을 주신 하나님께로 돌아갑니다. 만일 지금 당신의 심장의 고동이 멈추었다고 한다면, 만일 순식간에 당신의 몸이 휘청거려서 당신이 지금 앉아 있는 장소로부터 넘어졌다고 한다면, 당신의 눈깜짝임보다도 재빨리 당신의 혼과 영과 육체를 떠나 당신의 혼과 영의 창조자이신 하나님께로 돌아갑니다. 만일 당신이 하나님의 자녀라면, 그렇게 됩니다. 바꾸어 말하면 당신의 3분의 2는 이 지구를 떠나고 3분의 1만 남게 됩니다.

인간은 일시적인 것과 영원한 것과의 신비로운 조합체입니다. 앞에서 말씀드렸듯이 인간은 혼과 영으로 구성된 삼위일체적 존재입니다. 육체는 일시적이지만, 혼과 영은 영원합니다. 그리고 결코 죽음이 혼과 영을 손댈 수 없습니다. 육체만이 그것이 태어난 땅으로 돌아갑니다.

매우 많은 사람들이 화장에 대해 나에게 질문한다는 사실을 여러분이 안다면 깜짝 놀라실지도 모르겠습니다.

화장되는 것에 관심을 나타내는 사람들은 자신이 불안하기 때문에 사후에 일어날 것을 두려워하여 그렇게 하는 것은 아닐까 하고 왠지 나는 그렇게 느낍니다.

그들이 자신의 시체를 화장해 버리길 원하는 것은 자신이 죽을 때는 완전한 죽음으로 향하게 하여 죽음이 모든 것의 마지막이라는 것을 인간으로서 가능한 한 확실히 하고 싶기 때문입니다. 그렇지만 그러한 신념을 가지고 있는 사람들에게 알려드리고 싶은 것이 있습니다.

인간의 영과 혼에 관한 한 완전히 소멸되는 것은 전혀 없습니다. 당신의 육체를 화장하는 것은 가능합니다. 당신의 육체를 재로 만들고, 그것이 생겨났던 흙으로 되돌아 갈 수는 있습니다. 그렇지만 어떤 불길도, 물도, 힘도, 혼과 영을 결코 소멸시킬 수 없습니다. 그리스도를 믿는 자들에게 죽음이 찾아올 때 혼과 영은 그 창조자이신 하나님께로 돌아갑니다.

더 이 주제에 대해 더 깊이 나아가기 전에 이것을 분명히 해두고 싶습니다.

죽음이 찾아올 때, 어떻게 될까 하는 것에 대해서 우리는 확실히 이해해 둘 필요가 있습니다. 사람들이 열려진 관 앞에 서서 흐느껴 우는 것을 나는 몇 번이나 본 적이 있습니다. 나는 또한 그렇게 흐느꼈던 경험이 있습니다.

우리는 인간입니다. 우리는 얼굴에 많은 눈물을 흘리면서 그곳에 서 있습니다. 그러나 여러분도 나도 주 안에서 기다리고 있는 놀라운 소망이 있는 까닭에, 우리가 주 안에서 소유하고 있는 확신으로 인해 관 안에 누워있는 사람은 사실은 그곳에 없다는 것을 우리는 알고 있습니다.

우리의 눈에 보이는 것은 그 육체뿐입니다. 오직 그것뿐입니다. 그 육체는 흙으로 돌아갑니다. 왜냐하면 그 육체는 일시적인 것에 지나지 않기 때문입니다. 거기서 우리가 실제로 보고 있는 것은 그 관 안에 육체가 있는, 그 사람 자신이 아닙니다. 확실히 나는 그 사람의 특징을 인정할 수 있습니다. 그 사람의 몸인 것을 알고 있지만, 진짜 그 사람은 실제로 거기에는 없습니다. 그 사람의 혼은 그 사람의 개성을 가져오고, 그 사람을 타인들과는 다른 인물로 만들어 주는 것입니다.

그 혼은 거기에 없습니다. 그 사람의 그 부분은 더 이상 거기(육체)에는 존재하지 않습니다.

나는 이 진리를 현실의 것으로 절실하게 알게 되었던 때를 결코 잊을 수 없습니다. 당시 나는 이미 부활에 대해 많은 설교를 한 적이 있었습니다. 부활절이 되면 나는 반드시 예수님의 부활에 관한 메시지를 전했기 때문입니다. 그렇지만 부활이 나에게 비로소 현실의 것으로서 실제가 된 것은 어느날 내가 미주리 주 콘코디아에 있는 조그마한 침례교회에 있었을 때입니다. 그곳에서 나는 아버지의 모습을 마지막으로 보았습니다. 그 교회 안에는 친구들이나 이웃 사람들은 아무도 없었으며, 어머니와 오빠 그리고 언니와 여동생, 장의사 사람과 설교자만 있었습니다. 관 뚜껑을 닫기 직전에 그 전에도 후에는 한번도 한 적이 없는 경험을 했습니다.

나는 손을 펴서, 한 손을 아버지 어깨에 얹었습니다. 그 어깨는 내가 어렸을 때부터 줄곧 내 머리를 기대어 왔던 바로 그 어깨였습니다. 나는 아버지에게 머리를 기대고는 나의 슬픔도, 문제거리도, 나의 모든 비통함도 남김없이 아버지께 말씀드렸던 어깨였습니다. 나는 그 어깨 위에서 나는 편안함을 느꼈습니다.

나의 이가 아무리 아플지라도, 나의 귀가 아무리 아파

도 아버지의 어깨 위에 내 얼굴을 기대고 있으면, 아픔은 누그러졌습니다.

어깨만큼 아이들의 치통을 누그러뜨려 주는 의사는 없었고, 나의 아버지 어깨만큼 내 귀의 통증을 없애주는 효과있는 약은 없었습니다.

그렇지만 내가 그 어깨에 나의 한 손을 얹었던 그 순간 그것은 이미 나의 아버지가 아니라는 사실을 알았습니다. 아버지는 거기에 없었습니다. 그것이 아버지의 몸인 것은 확실했습니다. 세상 사람들은 그것은 죠 쿨만이라고 말했습니다. 그러나 나는 나의 아버지가 그 몸에서 떠났음을 알았습니다. 아버지의 영과 혼은 지구로부터 멀리 떨어진 영광의 장소로 이미 떠나셨던 것입니다.

우리는 집에서 일 마일 정도 떨어진 곳에 있는 묘지로 갔습니다. 내가 그 열려진 묘 앞에 서서 묘지 바닥에 놓여진 관을 내려다 보았을 때, 그 관속에 누워 있는 것은 아버지는 이미 빠져나간 빈 것에 지나지 않음을 알았습니다. 묘지는 결코 우리 아버지를 붙들어 둘 수 없었던 것입니다.

나는 때때로 그 묘지 위에 꽃다발을 올려둘 때, 나의 아버지는 그곳에 없다는 사실을 알고 있습니다. 아버지는 매우 생생하게 살아 계십니다. 아버지는 살아 있습니다. 나의 아버지와 어머니는 모두 죽었습니까? 아닙니다. 그것은 죽음이 아닙니다. 그것은 영광입니다! 그것은 슬픔이 아닙니다. 그것은 마지막 눈물을 닦아 주는 것입니다. 그것은 탄식이 끝나는 것이며, 아픔이 끝나는 것이며 슬픔이 끝나는 것입니다. 고통의 기억조차도 없는 것입니다.

사랑하는 여러분, 그것은 믿음의 종착역이기도 합니다. 오늘날 여러분과 저는 믿음으로 살고 있으며 우리는 믿음으로 하나님의 여러 가지 약속을 받지 않으면 안됩니다. 그러나 그 순간 이미 믿음은 더 이상 존재하지 않게 됩니다. 나는 하나님을 사랑합니다. 나는 나의 인생을 그분을 위해 헌신해 왔지만 그분을 뵌 적은 없습니다. 나는 그분과 대화를 해 왔습니다. 나는 그분이 가까이 있어주시는 놀라우심을 알고 있습니다. 그것은 누군가 인간이 거기에 있는 이상으로 나에게 현실적이고 실제적인 것입니다. 그럴지라도 나는 그분을 뵌 적은 없습니다. 하나님의 자녀로서 사는 것은 믿음으로 사는 삶입니다. 그렇지만 나의 낡은 심장이 고동을 멈추고 죽음이 이 여성 설교자에게 임할 때가 옵니다. 그것은 내가 믿음에 대한 나의 최후의 설교를 다했을 때입니다. 그때 나는 마지막 믿음의 발걸음을 밟을 것입니다.

그때 나는 이미 믿음의 언어를 사용하는 일은 없어집니다. 왜냐하면 나의 전 생애에서 믿음이었던 것은 그때 현실이 되기 때문입니다. 그 순간 나의 구속은 완성됩니다. 그것이 바로 그토록 영광스러운 부활의 모든 것입니다.

오늘날 나는 믿음으로 걷고 있으며 나의 구속은 내가 주님의 영광스러운 임재 앞에 설 때까지는 완성되지 않습니다. 그날, 더 이상 믿음의 삶, 혹은 믿음의 발걸음은 없어지게 됩니다. 그날, 나는 얼굴과 얼굴을 마주하여 주님을 뵈옵게 하고, 그순간, 나의 구속은 완전하고 완벽해 질 것입니다.

4. 몸의 부활 II

우리는 이미 몸의 부활의 한 측면을 살펴 보았습니다. 거듭난 사람의 혼과 영이 하나님 아버지 앞에 올 때 일어나는 것입니다. 기억해 주십시오.

인간의 육체는 흙으로 돌아가고 하나님의 나팔이 울려퍼지고 그리스도 안에 있는 죽은 자들(육의 몸)이 살아날 때를 기다리고 있습니다. 여기에서 나는 몇 가지의 질문에 대답하려고 합니다. 그것은 몸의 부활의 측면에 관해서 나의 주의를 끌었던 내용이며, 교회의 휴거라고 불리는 것입니다.

아마, 그 말에 친숙하지 않을 것입니다. 그렇지만 어떤 용어를 사용할지라도 그것은 주 예수 그리스도의 교회, 즉 이미 죽은 신자들과 아직 살아있는 신자들이 부활의 몸을 받게 될 때에 관해서입니다.

맨 먼저 죽은 성도들의 몸이 무덤으로부터 되살아납니다. 그리고나서 살아있는 성도들이 순간적으로 변화하여 들림받게 됩니다. 즉 휴거(rapture)되는 것입니다. 이 사건이 어느날, 어느 시간, 어느 순간에 일어날지라도 하나님의 말씀은 조금도 어김이 없습니다.

무엇보다도 먼저, 한 가지 사실을 기억해 주십시오. 이 휴거는 사람들에게 놀라움이 됩니다! 이 휴거는 이 시대에서 가장 큰 놀라움 또는 충격적인 사건이 될 것입니다.

제가 하는 말을 믿어 주십시오! 우리가 살고 있는 이 시대에 매우 놀라운 사건 몇 가지가 일어나는 것을 우리는 보았습니다. 과거 수년간에 사람들이 몇 번이나 이렇게 말하는 것을 나는 들었습니다.

"내가 이런 일을 보게 되리라고는 꿈에도 생각하지 못했다" "내가 살아있는 시대에 이런 일이 일어나다니…"

하지만 이 시대에 이런 놀라운 일이 일어남에도 불구하고 휴거는 모든 것들 가운데서도 가장 놀라운 일이 될 것입니다.

"우리가 주의 말씀으로 너희에게 이것을 말하노니 주께서 강림하실 때까지 우리 살아 남아 있는 자도 자는 자보다 결코 앞서지 못하리라 주께서 호령과 천사장의 소리와

하나님의 나팔 소리로 친히 하늘로부터 강림하시리니 그리스도 안에서 죽은 자들이 먼저 일어나고 그 후에 우리 살아 남은 자들도 그들과 함께 구름 속으로 끌려 올려 공중에서 주를 영접하게 하시리니 그리하여 우리가 항상 주와 함께 있으리라"(데살로니가전서 4:15~17)

주의 호령, 천사장의 소리, 하나님의 나팔 등에 대해서는 그리스도 안에 죽은 자들과 살아있는 성도들이 아닌 그외의 사람들에게도 그 소리가 들리게 될지 들리지 않을지에 대해서는 나는 모릅니다.

그 문제에 대해서 나는 종종 궁금해 하곤 했습니다. 주님의 호령과 주님의 나팔소리가 있고 천사장의 소리가 울려퍼지는 것은 알 수 있지만, 그런 소리를 신자들이 듣는 것처럼 세상 모든 사람들에게도 들리게 될지 어떨지는 분명히 알 수 없습니다.

나는 단지 한 가지 사실을 압니다. 그리스도 안에 죽은 자들과 살아있는 성도들이 주님의 호령과 하나님의 나팔과 천사장의 소리를 듣는다는 사실입니다!

나는 그것을 전적으로 확신하며 내가 그때 살아있든지 혹은 "자는 성도들" 가운데 있는 한 사람이 되어있든, 나는 그 행복한 소리를 듣게 될 것입니다. 그리고 여러분도 그것을 듣게 되길 하나님께 기도드립니다.

하나님의 음성이 들리게 된다는 것을 내가 그토록 확신하는 이유는 무엇일까요? 어느날 하나님 아버지께서 그리스도께 음성으로 말씀하시고 그리스도께서 그것을 이해하셨다는 사실을 우리는 알고 있기 때문입니다.

아버지께서 말씀하시는 것을 예수님이 들으신 것은, 아버지께서 다음과 같이 말씀하셨을 때였습니다.

"이는 내 사랑하는 아들이요, 내 기뻐하는 자라 하시니라" (마태복음 3:17)

아버지께서 다시 말씀하신 것은 요한복음 12장 28~29절에 기록되어 있습니다. 그러나 옆에 서있던 사람들은 그 음성을 천둥소리로 잘못 들었습니다. 그들은 그것이 하나님의 음성인 줄은 알지 못했습니다.

이 위대한 사건이 일어날 때, 수 백만 명의 남겨진 사람들이 이 나팔소리를 듣게 될 것입니다. 그것은 그들이 그때까지 들은 적이 없는 놀랄만큼 격렬한 천둥소리처럼 들릴 것입니다.

그것은 다메섹 도상에서 다소 출신의 사울에게 주님께서 나타나 주셨을 때처럼 될까요? 주님께서 사울에게 말씀하셨을 때, 함께 있던 사람들은 아무것도 말하지 않고 서 있는 채로 있고, 소리는 들렸지만 아무도 보지 못했고, 들리는 말을 아무도 이해하지 못했습니다.

그렇지만 그때 그리스도 안에서 죽은 자들이 하나님의 나팔소리를 듣고 그것이 하나님의 음성임을 알아차릴 것을 우리는 압니다.

그 순간, 이 외치는 소리가 무덤 안에 있는 그리스도 안에 죽은 사람들 모두에게 들리게 됩니다. "잠자고 있는 성도들이여, 눈을 뜨고 무덤에서 나오너라. 지금이야말로 너희들이 기다려 왔던 영광의 순간이다!"

얼마나 영광스러운 순간이 될 것인지! 그것은 순식간에 일어나게 될 것입니다! 그것은 눈 깜짝할 사이에 일어나게 될 것입니다. 당신이 앉아 있는 바로 그 장소에서 지금 눈을 깜빡거려 보십시오. 얼마나 짧은 순간인지 알 수 있을 것입니다. 잠자고 있던 하나님의 성도들의 몸이 살아나고, 땅에서 들리워져서 살아있는 성도들이 변화받는 것은 단지 그 정도의 짧은 시간밖에 걸리지 않습니다. 그들은 함께 공중에서 주님을 만나뵙게 됩니다.

이 영광스러운 날, 공중은 그리스도 안에서 죽었던 사람들의 영으로 가득 차게 되리라고 나는 믿습니다. 그것은 들리워져서 영광을 받게 될 자신들의 부활의 몸을 받기 위하여 지구로 돌아온 영들이며, 그 영들이 받게 될 부활의 몸은 예수님께서 죽음에서 부활하신 후에 주님이 가지셨던 육체적인 몸과 완전히 동일한 것입니다.

예수님이 부활하신 후 제자들에게 나타나신 것은 영이 아니셨습니다. 제자들이 보았던 것은 몸의 모습으로 (in bodily form) 나타나신 예수님이었습니다. 도마가 자신의 의심스러움을 표현했을 때, 예수님은 도마 앞에서 이렇게 말씀하셨습니다.

"네 손가락을 이리 내밀어 내 손을 보고 네 손을 내밀어 내 옆구리에 넣어 보라" (요한복음 20:27)

예수님이 부활하신 후 제자들에게 나타나셔서 생선과 떡을 잡수셨던 것은 영이 아니었습니다(눅 24:30, 42~43).

이와 같이, 부활하시고 맨 첫날 아침에 그리스도 안에 있는 사람으로, 이미 육체가 죽어있는 사람들은 자신들의 부활체(resurrection bodies)를 받게 됩니다.

그 다음에 살아있는 신자들의 몸이 순간적으로 변화되어 예수님이 승천하셨을 때, 가지셨던 것과 동일한 부활체를 그들도 받게 됩니다.

이 갑작스런 사건은 다음과 같은 의문을 일으킵니다. 교회의 묘지는 어떻게 되는 걸까? 그것은 밭을 경작한 것 같은 상태로 보이게 되는 걸까? 부활의 몸이 묘에서 없어질 때, 묘와 묘비와 석판들은 뒤엎어져서 전복되어 버리는 것일까?

나는 그것에 대답할 수 없습니다. 내가 알고 있는 것

은 죽은 자들의 몸이 부활한다는 것이 문자적으로 일어난다고 하는 것 뿐입니다. 그것은 그리스도께서 부활하셔서 묘의 봉인을 깨뜨리는 일 없이 묘에서 일어나 떠나셨던 것과 마찬가지로 그리스도 안에 있는 죽은 자들이 땅을 갈아엎는 일 없이 자기들이 매장되어 있던 묘지로부터 "빠져나오게 되는(slip out)" 것일지도 모릅니다. 천사들이 무덤을 막았던 돌을 옆으로 굴려내고 빈 무덤을 보여주었던 것을 기억하고 있겠지요?(마태복음 28:2)

다른 무엇이 접촉했는지 아닌지는 아무런 언급이 없습니다.

그렇지만 살아있는 성도들이 변화받는 것은 그것과는 다릅니다. 왜냐하면 그들은 없어져 버리기 때문입니다! 그것으로 인한 혼란에 대해서 생각해 보십시오. 그것 때문에 생기게 될 소동에 대해서 생각해 보십시오. 그것 때문에 일어나게 될 사람들의 공포와 두려움에 대해서 생각해 보십시오. 전세계의 허다한 수의 사람들이 돌연히 사라져 버린 것을 설명하기 위해 뉴스와 뉴스해설로 다양한 추측이 행해질 것입니다. 그렇기 때문에 휴거는 이 시대에서 가장 쇼킹한 사건이 될 것이라고 나는 말씀드립니다.

장차 일어나게 될 교회의 휴거만큼, 충격적인 사건이나 큰 격동을 초래하는 사건은 전세계적으로 아무것도 없을 것입니다. 그리고 그것이 다음의 위대한 세계적 사건이 될 것을 나는 진심으로 믿고 있습니다.

교회의 휴거와 관련해서 예수님께서 친히 이렇게 말씀하셨습니다.

"그러나 그 날과 그 때는 아무도 모르나니 하늘의 천사들도 아들도 모르고 오직 아버지만 아시느니라" (마태복음 24:36)

우리는 그것이 어떤 시대일지는 알 수 있습니다. 우리는 그것이 어떠한 때인지를 알 수 있습니다. 그렇지만 그 날을 정확히 아시는 분은 아버지 하나님뿐입니다. 만일 내가 여러분에게 "내일 우리는 위대한 휴거를 경험하게 됩니다"라고 말한다면, 나는 잘못된 말을 하는 것입니다. 만일 내가 "오늘부터 며칠 후, 혹은 몇 개월 후에 교회의 휴거가 있습니다"라고 말한다면 나는 크게 잘못된 말을 하는 것입니다. 그 정확한 날과 시간은 아무도 모른다고 성경에서 명백히 가르쳐주고 있습니다.

실제로 그 정확한 때는 천사들에게도 알려져 있지 않을 정도로 그것은 엄격하게 지켜지는 깊은 비밀입니다. 하나님 아버지만이 이 숭고한 비밀의 정보를 알고 계십니다. 그러나 "멈추어라. 그리고 주의하라"라는 표시는 분명하고, 예수님은 계속해서 이렇게 말씀하셨습니다.

"노아의 때와 같이 인자의 임함도 그러하리라. 홍수 전에 노아가 방주에 들어가던 날까지 사람들이 먹고 마시고

장가 들고 시집 가고 있으면서 홍수가 나서 그들을 다 멸하기까지 깨닫지 못하였으니 인자의 임함도 이와 같으리라. 그때 두 사람이 밭에 있으매 한 사람은 데려감을 당하고 한 사람은 버려둠을 당할 것이요 두 여자가 맷돌질을 하고 있으매 한 사람은 데려가고 한 사람은 버려둠을 당할 것이니라. 그러므로 깨어 있으라. 어느 날에 너희 주가 임할는지 너희가 알지 못함이니라. 너희도 아는 바니 만일 집 주인이 도둑이 어느 시각에 올 줄을 알았더면 깨어 있어 그 집을 뚫지 못하게 하였으리라. 이러므로 너희도 준비하고 있으라. 생각하지 않은 때에 인자가 오리라"(마태복음 24:37~44)

예수님은 **"그런즉 깨어 있으라"**고 경고하시고 있습니다. 즉, 그 정확한 날과 시간은 여러분이나 나는 알 수 없다고 말씀하시는 것입니다. 그렇지만 예수님이 도적처럼 오시는 것이 어떠한 시대에 어떠한 때인가를 그분은 우리에게 제시해 주셨습니다.

지금 잠시 멈추어 그것에 대해 좀 생각해 보십시오. 도적은 자기가 오는 것을 알리지 않습니다. 또 그가 오는 것은 뭔가의 목적이 있기 때문입니다. 도적은 집 안에 있는 것을 모두 훔쳐 가는 것은 아닙니다. 그는 귀중품만 가져서 훔쳐갑니다. 가령 보석, 금, 은, 다이아몬드, 모피 등 값이 나가는 것들입니다. 도적이 오는 것은 머무르기 위해서가 아닙니다. 그는 자기가 찾던 물건을 획득하면 곧 떠나갑니다.

그것과 마찬가지로 휴거 때, 예수님이 오셔서 귀중한 것, 하나님의 성도들을 데리고 가시는 것입니다. 휴거 때에는 거듭나서 그리스도의 몸 안에 있는 사람들만이 데려가집니다.

일반적으로 도적들이 훔쳐가는 물건들보다 남겨진 물건들이 훨씬 더 많습니다. 그는 그 집을 남겨두고 갑니다. 그는 가구류를 남겨놓고 갑니다. 그는 주방에 있는 조리기구들을 남겨놓고 갑니다.

그것과 마찬가지로 주님은 휴거 때 많은 문명의 이기(利器)들을 남겨놓고 가십니다. 악한 자들도 남겨집니다. 사람 수에 관한 한 비교적 소수의 사람들 밖에 올리워지지 않는다는 것을 나는 굳게 믿고 있습니다. 살아있는 사람들 중 대부분은 남겨지게 됩니다.

아마도 당신은 남겨진 사람들 가운데 있게 되리라고는 지금까지 한번도 생각한 적은 없을지도 모릅니다. 자신의 죄가 하나님의 아들의 피로 씻겨지고 덮어져 있는 사람들은 비교적 소수에 불과합니다. 현재 수많은 교회원들(church members)이 있다는 사실을 나도 인정합니다. 이 나라 미국에서는 누군가가 어딘가의 교회에 소속해 있지 않으면 마치 이방 종교를 믿는 사람처럼 여겨지는 경우조차 있습니다. 어딘가의 교회에 소속되어 있는 사람들은 많지만, 그들은 부활절 예배라던가, 뭔가 특별한 경우 외에는 교회에 출석하지 않고 있을지도 모릅니다.

그러나 어딘가의 교회에 소속해 있는 사람들이 휴거 때에 데려가진다고 하나님께서 말씀하시는 곳은 성경 어디에도 없습니다.

하나님은 교회의 회원제도(Church membership)을 특별히 취급해 주시지 않습니다. 교회의 회원이 되어도 이 영광스러운 휴거를 위한 티켓이 보장되는 것은 아닙니다. 당신이 그리스도의 신부의 일부가 되어 휴거에 참여하기 위해서는 당신은 거듭나서 그리스도의 몸 안으로 들어가지 않으면 안됩니다.

휴거는 성도와 불신자들을 분리할 뿐만 아니라, 남편과 아내를 분리하기도 하며, 형제와 자매, 친구들 사이를 분리하는 경우도 있습니다. 그것은 교회 안의 진정으로 거듭난 교회원들과 그렇지 않는 교회원들을 분리하게 됩니다.

이것은 유감스러운 것이지만, 휴거 후에도 여전히 일요일에 교회 강단에 목사가 서게 되는 교회도 있을 것입니다. 안됐지만 교회의 휴거뒤에도 여전히 "집사활동(deaconing)"을 하는 집사들도 있으며, 여느 때와 같은 장소에 여전히 성가대원들도 있을 것입니다. 그것은 남편과 아내를 분리할 뿐만 아니라 교회 안에서 진정으로 거듭난 교회원들과 그렇지 않는 교회원들을 분리하게 될 것입니다.

휴거는 전세계적으로 동시에 일어날까요? 누가복음 17장 34~35절을 읽어 주십시오. 여기서 말씀하시는 분은 예수님입니다. 그분은 이렇게 말씀하십니다.

"내가 너희에게 이르노니 그 밤에 둘이 한 자리에 누워 있으매 하나는 데려감을 얻고 하나는 버려둠을 당할 것이요 두 여자가 함께 맷돌을 갈고 있으매 하나는 데려감을 얻고 하나는 버려둠을 당할 것이요"

두 사람이 한 자리에 누워있는 것, 두 사람이 매를 갈고 있는 것, 두 사람이 밭에 있는 것 등, 예수님이 말씀하신 것은 우연이 아니었습니다. 이것으로부터 알게 되듯이 휴거의 순간 세계 어느 지역에서는 밤이고, 다른 곳은 이른 아침이며, 또 다른 곳은 한밤중입니다. 이 사실로부터 분명하듯이, 어느 나라도 제외되지 않고 휴거는 지상전체에 걸쳐 동일한 순간에 일어나게 됩니다. 즉, 사도 바울이 묘사했던 그대로입니다.

"마지막 나팔에 순식간에 홀연히 다 변화하리니" (고린도전서 15:51)

예수님은 그것을 이렇게 말씀하셨습니다.

"번개가 동편에서 나서 서편까지 번쩍임 같이 인자의 임함도 그러하리라" (마태복음 24:27)

여러분께 한가지 질문을 드리겠습니다. 당신은 그 사건에 대해 예비되어 있습니까? 그 나팔소리가 울려퍼질 때, 당신에게는 준비할 시간은 없습니다. 그 순간 당신에게는 만사를 바르게 할 시간은 없습니다. 지금이 바로 준비를 위한 시간입니다!

5. 몸의 부활 Ⅲ

"이를 놀랍게 여기지 말라. 무덤 속에 있는 자가 다 그의 음성을 들을 때가 오나니 선한 일을 행한 자는 생명의 부활로 악한 일을 행한 자는 심판의 부활도 나오리라" (요한복음 5:28~29)

그렇습니다. 여러분과 내가 하나님의 귀중한 말씀인 성경에 의해 심판받게 될 날이 다가오고 있습니다. 그러므로 무덤에서 부활하는 것에 관해 예수님이 분명히 가르치셨던 것에 매우 세밀하게 귀를 기울여 주십시오. 그것이 당신에게 아무리 불가능한 것처럼 생각될지라도 문제가 되지 않습니다. 언제나 몸이 무덤으로부터 부활한다는 것에 이의(異議)를 제기할 사람도 틀림없이 있을 것입니다.

그렇지만 나는 여러분이 생각하고 있는 이상으로 이해하고 있습니다. 나도 묘 옆에 서서 지면이 입구를 열고 그 바닥에 사랑하는 사람의 몸이 누어져 있는 것을 본 적이 있습니다. "그것은 불가능하다. 그 몸이 죽은 자들 가운데서 살아나는 것은 없다"라고 말하기는 간단할 것입니다. 인간적인 견해를 본다면 그것은 불가능한 것처럼 생각되지만, 예수님은 무덤에서 부활하는 것에 대해서 분명히 가르치셨습니다.

그분은 이렇게 말씀을 시작하셨습니다. **"이를 놀랍게 여기지 말라."** "그것을 받아들여라"라고 하는 것입니다. 무덤 안에 있는 의인도, 악인도, 모든 사람들이 그분의 음성을 들을 때가 오려고 하고 있기 때문입니다.

앞장에서 믿는 자들의 몸의 부활이 스릴로 가득찬 것임을 보았습니다. 그렇지만 주님을 영접하지 않고 죽은 사람들도 포함하여 모든 몸이 부활한다는 것을 받아들이고 싶어하지 않는 사람들도 있습니다. 기억하십시오. 세상에는 두 종류의 사람밖에 없습니다.

당신은 그리스도인이든지, 혹은 그리스도인이 아니든지 어느 하나입니다. 그것은 로마 카톨릭교도인가, 개신교인가라든가, 어느 교파의 교회원이든가 라는 식의 문제가 아닙니다.

우리 인간은 사람들을 어딘가의 범주에다 넣어서 나누는 것을 좋아합니다. 우리 인간은 선을 긋는 것을 좋아합니다. 그러나 하나님의 안목으로 보면, 그리스도인이든지, 죄인이든지 둘 중 어느 하나입니다.

사람은 멸망할 자인지, 구원받은 자인지 어느 한쪽이며, 하나님의 자녀인지, 하나님의 자녀가 아닌지 어느 한쪽입니다.

구원받은 사람도 구원받지 못한 사람도 모든 인간의 몸이 부활한다고 하나님의 말씀은 매우 명확히 가르치고 있습니다.

"선한 일을 행한 자는 생명의 부활로, 악한 일을 행한 자는 심판의 부활로 나오리라" (요한복음 5:29)

무덤 안에 있는 모든 사람들이 하나님의 음성을 듣고 나오게 됩니다. 즉, 의인이든 악인이든 말입니다. 예수님이 그렇게 말씀하셨기 때문에 우리는 그것이 사실임을 알고 있습니다!

사도 바울은 그것과 완전히 같은 내용을 가르쳤습니다. 사도행전 24장 15절에 그것이 기록되어 있습니다.

"하나님께 향한 소망을 나도 가졌으니 곧 의인과 악인의 부활이 있으리라"

바꾸어 말하면 의롭게 된 사람도 의롭지 못한 사람도

모든 사람의 몸이 부활합니다.

또 바울은 고린도전서 15장 22절에서 이렇게 기록하고 있습니다.

"아담 안에서 모든 사람이 죽은 것(여기서 말하는 죽음은 육체의 죽음입니다) 같이 그리스도 안에서 모든 사람이 삶을 얻으리라"

육체는 모두 죽게 됩니다. 아기가 육체를 가지고 태어나는 것이 확실한 것과 마찬가지로 그 아기가 죽는 것도 확실합니다. 그 생명이 태어나서 처음으로 호흡하고 응애하는 소리를 터뜨리는 것이 확실한 것과 마찬가지로, 심장의 고동이 멈추고 그 육체에 죽음이 방문하는 날도 오게 됩니다. 모든 죽은 자들이 부활하는 것 또한 확실합니다. 이미 살펴 보았듯이 휴거의 때, 믿는 자에게는 부활의 몸이 주어지게 됩니다. 그렇지만 그 외의 사람들은 어떻게 될까요?

만일 우리가 배우는 것을 거기서 끝내버렸다면 의인도 악인도 부활할 뿐만 아니라, 동시에 부활하는 것으로 믿어버렸을 것입니다. 그렇지만 실제는 그렇지 않습니다. 요한계시록 20장 4~6절의 말씀을 봅시다.

"또 내가 보좌들을 보니 거기 앉은 자들이 있어 심판하는 권세를 받았더라. 또 내가 보니 예수를 증언함과 하나님의 말씀 때문에 목 베임을 당한 자들의 영혼들과 또 짐

승과 그의 우상에게 경배하지 아니하고 그들의 이마와 손에 그의 표를 받지 아니한 자들이 살아서 그리스도와 더불어 천 년 동안 왕 노릇하니 (그 나머지 죽은 자들은 그 천년이 차기까지 살지 못하더라) 이는 첫째 부활이라. 이 첫째 부활에 참여하는 자들은 복이 있고 거룩하도다. 둘째 사망이 그들을 다스리는 권세가 없고 도리어 그들이 하나님과 그리스도의 제사장이 되어 천 년 동안 그리스도와 더불어 왕 노릇하리라"

여기에서 의인은 악인이 부활하기 전에 부활하는 것이 분명하지만 단순히 그들보다 먼저인 것만은 아닙니다. 이 두 가지 부활 사이에는 일천년 동안의 기간이 있습니다. 한 가지 예를 들어 보겠습니다.

만일 그리스도 안에서 죽은 자들의 몸이 부활하는 것이 오늘날 시대라고 한다면 일천년 후에는 구원받지 못하고 죽은 사람들 즉, 죽은 악인들의 부활이 있게 됩니다.

요한계시록 20장 4~6절 말씀은 요한이 **"예수를 증언함과 하나님의 말씀 때문에 목베임을 받은 자들의 영혼(soul)들…"**을 보았다고도 말하고 있습니다. 요한은 "몸"이라고 하는 용어대신에 실수로 "영혼(soul)"이라는 말을 사용한 것이 아닙니다.

여기에서 그가 말하고 있는 것은 대환란 때의 성도들

이며, 교회의 휴거 후에 지상에 임한 7년 대환란 기간 동안에 구원받은 영혼들입니다. 왜냐하면 생각해 보십시오. 휴거 때에 그리스도의 신부가 이 세상으로부터 취하여져 간 후에 수많은 남자와 여자들이 구원받습니다. 요한이 그 환상 가운데서 처음으로 보았던 이러한 순교자들은 혼(soul)의 상태에 있었습니다. 그리고 그는 그들이 죽은 자들 가운데서 살아나는 것을 보았습니다.

다른 말로 표현하면, 그들은 살아나서 부활한 성도들과 함께 되어서, 일천년간 그리스도와 함께 다스렸던 것입니다. 그렇지만 그외에 죽은 자들, 즉 악인들은 그 일천년이 끝날 때까지 살아나지 않았습니다. 그 후에 두 번째 사망이 있습니다.

당신의 영혼이 이 지상에서 결정된다는 사실을 깨닫는 것이 지극히 중요합니다. 당신의 심장고동이 멈추고, 호흡이 멈출 때, 당신이 장래에 가게 될 행선지는 결정되어 버리는 것입니다.

구원받지 못한 사람은 그리스도를 자기의 구주로서 영접한 사람들과 결코 다시 만나지 못합니다. 그들의 몸이 부활하는 것은 다른 때이고, 그들은 영원을 별도의 장소에서 보내게 됩니다. 살아계신 하나님의 아들을 어떻게 하는가가 그 사람의 혼과 영의 장래를 결정하고 몸의 부활시기를 결정하게 됩니다.

6. 몸의 부활 IV

모든 사람은 부활한다. 즉, "**선한 일을 행한 자는 생명의 부활로, 악한 일을 행한 자는 심판의 부활로**"(요한복음 5:29) 나오는 날이 오려고 하는 사실은 하나님의 말씀에서 이미 굳게 서있습니다.

여기서 의문이 생겨납니다. 그것은 우리가 지금 다루고 있는 것입니다. 거듭난 신자 즉, 그리스도를 구주로서 영접한 사람들은 어떤 종류의 몸을 가지게 되는 것일까요? 나의 몸과 당신의 몸이 부활할 때, 우리는 어떤 종류의 몸을 가지게 될까요?

여러분과 내가 지금 이 순간에 가지고 있는 인간의 몸은 천국에서는 존재할 수 없습니다. 그것은 불가능하게 될 것입니다.

뭔가의 변화가 없으면 안되고, 이 변화는 부활에 의해서 오게 됩니다. 사도 바울은 이 변화를 다음과 같이 설명하고 있습니다.

"**죽은 자의 부활도 그와 같으니 썩을 것으로 심고 썩지 아니할 것으로 다시 살아나며 욕된 것으로 심고 영광스러운 것으로 다시 살아나며, 약한 것으로 심고 강한 것으로 다시 살며**"(고린도전서 15:42~43)

당신이 얼마나 강한가는 문제가 되지 않습니다. 당신

에게는 당신의 약함이 있습니다! 나에게는 나의 약함이 있습니다!

왜 입니까? 그것은 우리 몸이 약함 가운데서 심어져 있기 때문입니다. 그러나 하나님께 감사드립니다. 언젠가 우리 몸은 강함 안에서 되살아날 것입니다.

"육의 몸으로 심고 신령한 몸으로 다시 살아나나니" (44절)

자연적인 몸(natural body : 육의 몸)이 신령한 몸으로서 부활할 때에 어떤 변화가 있지만 그것은 신령한 몸에는 실체가 없다고 하는 의미가 아닙니다. 부활하신 후의 그리스도의 몸은 우리의 부활한 후의 몸이 어떻게 되는가 하는 샘플(sample)입니다. 우리가 부활한 후, 어떤 종류의 몸을 입게 되는지 알고 싶다면 예수님이 어떤 종류의 몸을 가지고 계셨는지를 보면 됩니다. 예수님의 몸은 썩음을 보지 않았고 그분의 부활 후의 몸은 무덤 속에 안치되었던 것과 동일한 몸이었던 것은 진실이지만, 한편으로 그 몸은 부활 후에는 다른 성질의 것이었습니다.

예수님의 못자국과 가시에 찔리신 상처의 흔적은 눈에 보이는 것이었지만 그의 이 몸은 닫혀진 문을 그냥 통과해 빠져나가는 것과 마음대로 나타나거나 사라질 수 있었습니다. 그분의 몸에는 육(flesh)이 있었습니다.

거기에는 뼈도 있었지만 피는 없었습니다. 성경은 이렇게 말씀하고 있습니다.

"혈과 육은 하나님 나라를 이어 받을 수 없고 또한 썩는 것은 썩지 아니하는 것을 유업으로 받지 못하느니라"(고린도전서 15:50)

우리의 부활한 몸에 피가 있다고 입증하는 성경구절은 한 곳도 없습니다. 부활 후 몸에는 피가 전혀 없는 것을 성경은 분명히 가르쳐주고 있습니다. 왜 그렇습니까? 그 이유는 피는 부패를 유발시키는 것이기 때문입니다! 나의 몸도, 여러분의 몸도, 부활 후에 피가 몸 안에 있는 것은 아닙니다. 몸을 보존하는데는 피를 흘려보내든지, 피를 액체의 약품으로 깨끗케 하여 화학적으로 보존해야 합니다.

그러면 예수님이 부활하신 후 어떤 종류의 몸을 가지셨는가 하는 것으로 되돌아가 봅시다.

누가복음 24장 38~43절에 이렇게 기록되어 있습니다.

"예수께서 이르시되 어찌하여 두려워하며 어찌하여 마음에 의심이 일어나느냐, 내 손과 발을 보고 나인줄 알라. 또 나를 만져보라. 영은 살과 뼈가 없으되 너희 보는 바와 같이 나는 있느니라 이 말씀을 하시고 손과 발을 보이시나 그들이 너무 기쁘므로 아직도 믿지 못하고 놀랍게 여길 때

에 이르시되 여기 무슨 먹을 것이 있느냐 하시니, 이에 구운 생선 한 토막을 드리니, 받으사 그 앞에서 잡수시더라"

 이 말씀에서 예수님은 손과 발을 가지고 계셨음을 알 수 있습니다. 즉 예수님은 제자들에게 이렇게 말씀하셨던 것입니다. "나는 육을 가지고 있으며 또 나는 뼈도 있느니라"

 그러나 예수님은 거기서 멈추지 않으셨습니다. 그분이 무엇을 하셨는지 알고 계십니까? 나는 그것을 읽을 때마다 흥분합니다. 그리고 나와 마찬가지로 여러분들에게도 같은 감동이 일어나게 되길 희망합니다.
 예수님이 부활하신 후, 하늘로 승천하셨을 때와 동일한 몸으로, 또 여러분과 나를 위해 오실 때와 동일한 몸으로, 그분은 제자들 앞에 서서 구운 생선과 꿀벌집(honeycomb)를 잡수셨습니다!
 육체적(physical) 몸이 있는 사람만이 먹을 수 있습니다. 그것은 성부 하나님 우편에 앉아 계시고 바로 지금 이 시간에도 위대한 대제사장의 직임에 계시는 동일하신 예수님입니다. 그분의 몸은 변하지 않았습니다.
 마태복음 26장 26~28절 말씀에도 주의해 주십시오.
 "그들이 먹을 때에 예수께서 떡을 가지사 축복하시고 떼어 제자들에게 주시며 이르시되 받아서 먹으라 이것은 내

몸이니라 하시고 또 잔을 가지사 감사 기도 하시고 그들에게 주시며 이르시되 너희가 다 이것을 마시라 이것은 죄 사함을 얻게 하려고 많은 사람을 위하여 흘리는 바 나의 피 곧 언약의 피니라"

이 말씀은 매우 감동적입니다.
"그러나 너희에게 이르노니 내가 포도나무에서 난 것을 이제부터 내 아버지의 나라에서 새것으로 너희와 함께 마시는 날까지 마시지 아니하리라 하시니라"(29절)

다른 말로 표현하면 예수님이 제자들과 마시는 것은 그것이 마지막이 아니다라고 말씀하시는 것입니다. 나는 주님의 상에 앉아서 성찬의 잔과 떡을 대할 때는 언제나 우리는 어느 날인가 예수님과 함께 앉게 된다는 것을 알게 됩니다.

어느 날인가, 우리의 구속이 완성될 때, 예수님은 우리와 함께 마시게 되고, 우리는 그분과 함께 마시게 될 것입니다. 어린양의 성대한 혼인잔치에서 그분은 여러분과 함께 식사하시고, 그분은 또 저와 함께도 식사하실 것입니다. 그때 우리는 어떤 종류의 몸을 입고 있을까요?

부활의 몸, 피가 없는 몸, 결코 죽지 않는 몸, 썩을 것으로 심고, 썩지 않을 것으로 부활한 몸입니다. 오늘날 그것은 약한 것으로 심어진 몸이지만, 어느 날인가 그것은 강한 것으로 부활합니다. 여러분과 내가 지금 이 시간 가지고 있는 몸은 자연적인 몸으로서 심어진 몸이지만 그러나 그것은 신령한 몸으로 부활할 것입니다. 놀랍지 않습니까?

우리의 부활한 몸이 눈에 보이는 모습과 형태를 가지게 된 이상 당연히 그 몸에는 육과 뼈의 조직이 있을 것입니다. 그렇지만 그 부활한 몸에 있는 육과 뼈는 그 새로운 환경에 적합하게 될 것입니다.

사랑하는 여러분, 나는 사도 바울과 함께 이렇게 말씀드립니다.

"우리가 지금은 거울로 보는 것 같이 희미하나, 그때에는 얼굴과 얼굴을 대하여 볼 것이요. 지금도 내가 부분적으로 아나 그때에는 주께서 나를 아신 것 같이 내가 온전히 알리라" (고린도전서 13:12)

장래 그 영광스러운 날로 인해, 위를 올려다보면서 하나님께 감사드리십시오!

위대한 항해사는
거친 바다에서 만들어집니다

발행일　　　　2002년 07월 26일
4쇄　　　　　2024년 03월 04일

지은이　　　　캐트린 쿨만
옮긴이　　　　김병수
펴낸이　　　　장사경
편집디자인　　최복희

펴낸곳　　　　Grace Publisher(은혜출판사)

주소 서울 종로구 숭인 2동 178-94
전화 (02) 744-4029　**팩스** 744-6578
출판등록 제 1-618호(1988. 1. 7)

ⓒ 2002 Grace Publisher, Printed in Korea
　　ISBN 89-7917-463-2　04230
　　　　 89-7917-435-7　04230 (세트)

이 출판물은 저작권법에 의해 보호를 받는 저작물이므로 무단 전재와 무단 복제를 할 수 없습니다.